尽　善　尽　美　　　弗　求　弗　迪

实用心理学丛书

# 活学活用
# 沟通心理学

成正心◎著

電子工業出版社
Publishing House of Electronics Industry
北京 • BEIJING

## 内 容 简 介

本书从心理学的角度来解析人际交往中如何更有效地进行沟通，通过丰富和详细的案例，分析人们在沟通中出现的问题及其背后的心理原因等。在此基础上，引导人们发现、找到真正积极、有效的沟通之道。



**图书在版编目（CIP）数据**

活学活用沟通心理学 / 成正心著. —北京：电子工业出版社，2017.1
（实用心理学书系）
ISBN 978-7-121-30257-2

Ⅰ.①活…　Ⅱ.①成…　Ⅲ.①人际关系学－社会心理学　Ⅳ.①C912.1

中国版本图书馆CIP数据核字（2016）第263956号

责任编辑：王陶然
印　　刷：三河市兴达印务有限公司
装　　订：三河市兴达印务有限公司
出版发行：电子工业出版社
　　　　　北京市海淀区万寿路173信箱　　邮编：100036
开　　本：720×1000　1/16　印张：17.75　字数：276 千字
版　　次：2017 年 1 月第 1 版
印　　次：2017 年 1 月第 1 次印刷
定　　价：45.00 元

凡所购买电子工业出版社图书有缺损问题，请向购买书店调换。若书店售缺，请与本社发行部联系，联系及邮购电话：（010）88254888，88258888。

质量投诉请发邮件至zlts@phei.com.cn，盗版侵权举报请发邮件至dbqq@phei.com.cn。

本书咨询联系方式：（010）57565890，meidipub@phei.com.cn。

将沟通简单地理解成语言交流，是一个糟糕的认识。

沟通的本质在于引导——引导对方的注意力、

引导对方接受刺激、引导对方反应，

以及引导对方做出行为。

# 丛书序

Series Preface

很多人对心理学都抱有热情，生活中也经常会引申出各种各样心理学的话题。近几年，人们已经开始意识到心理学对个人的影响是巨大的，对某个心理问题、心理学原理、心理活动机制的把握和洞察都可能广泛地影响到个人的家庭、职业、社会生活，正可谓“牵一发而动全身”。但是，普通大众读者与专业心理学知识之间始终存在着一条鸿沟，我们对心理学，特别是生活中的心理学，并没有系统加以科学了解，当然也就谈不上好好地用心理学知识来解决问题了。

专业心理学知识是作为一门科学存在的。过去，很多人可能认为心理学很神秘，与普通人相距甚远。其实，心理活动也许很神秘，但心理学的研究并不神秘，而是复杂。它更像是逻辑测算一样，需要复杂的实验设计，严谨的推测论证，各种可能性的分析、比较、重复性验证，最终尽可能精确地呈现研究结果。所以，专业心理学研究及相关著作可能并不如大众读者期望的那样简单易懂，至少不会是想当然的那样充满乐趣。

这无疑是很多大众读者无法深入理解心理学专业研究的一个重要原因。我们看到，心理学大家们有许多严谨的专业著作，但这些著作鲜有人真正能够看完，更别提深入理解其中的每一个心理学理论了；同时我们看到，专业的心理学研究所提出的各种各样实用的、严谨的心理技术，人们也未必能够全身心地投入其中，感受其中的奥秘。

正是从这个角度出发，我们在过去一年多时间里，组织了一批专业的心理学研究工作者，试图将那些晦涩难懂的心理学专业知识，以贴近大众读者阅读习惯的方式呈现出来，搭建一个从专业心理研究到大众心理读物的桥梁，这也正是华通咨询心理研究中心的使命。

现在，我们把这一使命的初步成果——《实用心理学丛书》呈现给读者。我们将不断地推进这项工作，读者朋友也将不断地阅读到我们的作品，希望我们的努力能够让您满意。

这套书是我们再次努力的起步。这套书也是读者初步了解心理学的一套基本的普及读本，确切地说，是心理学在不同应用领域的普及读本。

回忆起来，从计划做这个工作开始，到今天正式出版，我们始终坚持以下几个基本思路——这些思路也正是这套书的价值所在。

**（1）科学性和专业性。**

本系列图书创作出版的目的之一是普及应用心理学的专业基础知识。我们每一个人或多或少都听说过心理学的一些知识，也可能通过自身的感悟或多或少了解一些心理活动的状态，但也许你的理解与本书所阐释的内容未必完全吻合。

专业心理学研究的目的在于揭示心理现象背后的各种成因，它们也许是深刻的，也许是简单直接的。但无论它们是什么，我们都以专业心理学研究为基础。换句话说，我们尊重心理学家们的研究成果，并以他们的研究结果为依据讨论各类问题——我们的目的在于让读者最大限度地接近原汁原味的心理学研究成果。

**（2）通俗易懂，可读性强。**

如前所述，专业心理学著作对大众读者来说确实有些晦涩难懂，即使易懂，也缺乏可读性，这阻碍了读者阅读的欲望。我们这套书试图修正这一不足，在尊重科学性和专业性的基础上，尽最大努力保证内容的可读性。

**（3）侧重于实际应用。**

心理学是一门讲求解决实际问题的学科，这套普及读本同样讲求解决实际问题。在这套书中，我们虽然讨论了某个领域的基本心理特性、基础心理要素，但我们的重点仍是讨论如何用心理学方法改变自己的心理、行为，乃至生活和命运。实用性，是本套书的重要特色之一。我们侧重于实际应用，所以书中的大部分内容是围绕着心理学方法论展开的。

**（4）尽可能体现应用上的全面性。**

每一个心理学知识、原理、方法，在不同的应用领域都有它的特殊性，比如，同样一个心理学定律，在组织管理活动中与在个人生活中可能是两种不同的解释。为了让每一个应用领域的心理学知识和方法都独立地、全面地得到阐释，我们完全按照应用的标准选择每一个“知识点”，这中间可能出现看似重复的收录，实际上是完全不同的两回事，读者朋友要加以留意。

由于笔者能力有限，书中难免有不足之处，诚望读者朋友们谅解并提出宝贵意见!

笔　者

# 前言

FOREWORD

沟通是应用心理学研究的一个重要分支。

就今天的现实情况来看，各类社会群体或个体之间的沟通已经变得非常快捷和便利，这是科技发展催生的结果。但是，今天人们面临的沟通问题也在不断地变化，而且变得越来越艰巨。仅凭我们的个人经验，我们也能体会到，沟通无论是在工作还是在生活中，都是一个需要付出心力的问题，是一个不得不加以重视的问题。

沟通与人的心理活动紧密相关。例如，一个人在紧张的环境中，沟通的效果往往是不佳的，因为紧张会封闭人的开放性思维，从而导致新信息无法进入；再例如，过于繁杂的信息必须经过有结构的组合，才能更好地被对方所理解，因为人的心理认知的限度是有规则的，过于繁杂的信息很容易使对方的注意力对某些信息加以选择性忽视，而结构严密的组合则会被对方视为“一个”完整的信息加以认知。

以上种种迹象都表明，沟通需要从了解人的特定的心理模式开始——这就是我们写作这本书的目的，这本书就是从心理学专业研究的角度，对沟通活动进行的一次系统解读。

在这里，我们有必要区分清楚“沟通”这一活动的定义。

人们通常习惯性地将沟通理解为交谈、交流，至多包括另一种形式的交流——文字。这只是沟通的一般情况。严格意义上来说，这种对“沟通”的认知，是从狭义的角度加以定义的。一个广义上的沟通，不仅包括言语上的交流、文字信息的传输和理解，它在范围上应该是包括一切能够引起人们思维意识变化的信息刺激及其相应的信息解读。例如，马路上的红绿灯标识或斑马线，马路边上的广告标牌，工厂车间中的安全标识、制度文件等，它们都是因为沟通而存在，都属于沟通活动的范畴之内——我之所以特别强调广义的沟通，是因为人们经常狭义地理解沟通活动，把它局限在一个狭小的范围内，以至于在那些真正需要严肃对待的广义的沟通活动中，人们常常无法把沟通的知识和原理有意识地加以运用，甚至有违沟通的基本原则。

本书是从广义沟通的角度着手解读沟通原理和技术的。这些原理和技术，既适用于个人生活和工作中的沟通，也适用于社会群体及组织管理中的沟通活动。简言之，我们讨论的是沟通的本质属性及它的合理方法。

这里简单地对这本书的内容加以说明，以便读者能够更准确地理解它。

本书共分八章。主要内容包括三个部分：其一是沟通的基本心理机制，其二是沟通的一般过程或者说关键环节，其三是沟通的一般策略。这三个部分的内容分别构成本书的第1章，第2、3、4章，第5、6、7、8章。

本书的每一章都是一个重要的主题。其中第1章是全书的基础——也是了解沟通活动的基础，它旨在向读者阐述一个沟通的基本点：沟通的开始是从外界刺激的产生到接受，再到反应的过程。而第二个部分，即本书第2、3、4章的内容，则进一步深入解读了沟通过程中注意力、信息加工和信息解释这三个关键环节的心理规律和问题点。通过这些内容，读者可以了解到沟通过程中怎样才能引起对方的注意，怎样才能使对方更准确地理解你传递的信息，以及如何避免对方对你的信息产生误解。第三个部分，即本书第5、6、7、8章的内容是沟通策略及其实际应用。这包括如何设计信息，使信息更容易被他人所理解，也包括如何反馈他人从而与沟通对象保持有效的沟通氛围，还包括如何通过沟通改变对方的思想意识和行为，这通常被用于说服他人或处理人际关系的矛盾和冲突方面。

现在，欢迎读者进入本书的世界。实际上，这本书为读者呈现了一次完整的沟通活动中所有需要注意的方方面面的问题，并给出了有效的指导性方案。希望读者朋友在这本书中获得沟通的智慧。

由于笔者学识有限，书中难免有不足之处，望读者朋友提出宝贵的建议。

# 目录
CONTENTS

## 第3章 身体中的智能反应：信息加工



## 第4章 同一说法，不同反应：解释偏差

## 第7章 你如何改变对方Ⅰ：说服守则



## 第8章 你如何改变对方Ⅱ：冲突协调守则

第1章

# 沟通在言语之外：刺激反应

将沟通简单地理解成语言交流是一个糟糕的认识——沟通的背后是复杂的感觉系统和外界刺激之间的互动反应，它遵循的是“接受信息刺激—心理反应—行为”这样一个不断循环的过程。

# 刺激

## 沟通，就是心理刺激和唤醒

**学心理，用心理**

不要把沟通仅仅理解成语言、文字或者肢体上的交流，它有更丰富的内涵。

最有效的沟通是各种信息刺激手段的有效组合。

有效的沟通，就是有效的心理刺激和心理唤醒。

如何衡量一项沟通活动是成功还是失败？一个最恰当的评价标准，就是你所提供的刺激是否能够激起对方的反应，符合你的预期。

人无时无刻不在与世界进行着沟通。

早晨被闹钟叫醒，闹铃这种声音刺激是对于时间的沟通；

在公交车站等公交车，有那么多的车人们却不会乘错，是因为有公交车站牌的指导，这是一种视觉刺激，是对于路线的沟通；

工作的时候，又会通过各种途径——口头语言、书面语言、肢体语言与上司、同事沟通；

下班在回家的路上，可能会注意到路两旁闪烁的霓虹灯广告，这是商家通过一些视觉的刺激对潜在消费者进行的沟通。

很多人认为，沟通不就是指口头或书面交流吗？这种观点是错误的。心理学认为，沟通就是信息的传（刺激）与受（被刺激）——发送者凭借一定的渠道，将信息传递给接收者，并寻求反馈以达到相互理解的过程。

《西游记》有这样一个片断：

唐僧将孙悟空赶回花果山之后，又被妖怪捉去。

猪八戒去花果山请孙悟空，刚开始说了很多好话，但孙悟空就是无动于衷。

最后猪八戒想出了一招激将法，对孙悟空说："妖怪骂你胆小如鼠，你要来，就剥了你的皮，抽了你的筋，啃了你的骨头，吃了你的心！饶你猴子瘦，他也要把你剁碎着油烹！"

这一招果然管用，孙悟空气得抓耳挠腮、暴跳如雷，随即跟着猪八戒救师父去了。

好说不听，反而要用"骂"的方法才能让孙悟空去救唐僧——原因就在于，"骂"的话和这个态度对孙悟空产生了强大的心理刺激。

所以，沟通不仅仅是语言交流，不仅仅是讲道理或者其他任何一种简单的交流，沟通是一种复杂的心理刺激和唤醒活动。

有效的沟通，就是有效的心理刺激和心理唤醒。

从心理刺激的角度看，一项有效的沟通活动通常都具备下面这些特定的含义。

**（1）所有可刺激对方的事物，都是沟通的要素**

心理学研究认为，图示的影响要比语言的沟通效果好得多。所以，工业组织的管理沟通中，图示是一个重要的手段。但是，除了图示这种视觉刺激之外，我们还会发现温度、色彩、气味，甚至包括环境等，都是沟通中必不可少的刺激要素，更别提文字或者语言这种具有特定信息的要素了。

心理学家们对这些特定的要素如何影响沟通进行了深入的研究——明白这些特定的沟通要素如何影响沟通效果，是我们下面要讨论的一个重要内容。

**（2）刺激物必须在对方心理上激起预期的反应**

如何衡量一项沟通活动是成功还是失败？一个最恰当的评价标准，就是你所提供的刺激是否能够激起对方的反应，符合你的预期。

这取决于两个条件：一是你有清晰的目的，二是要让信息传递得准确。

生活中的很多沟通活动看起来似乎是在沟通，但其实不是。

举个例子，两个人开始讨论一件事情，后来发生争执。从现实来看，这种争执到最后总是会脱离事物本身的讨论范围，而演变成一种攻击。

在这种类似于“攻击”的状态中，沟通实际上已经不存在，所存在的只是为了刺激对方而刺激对方。偏离目的的沟通刺激在很多沟通活动中大量存在，而且往往是无意识的，并且总是降低沟通的效果。

那么如果一个人始终围绕着目的展开沟通，是不是就一定能够让沟通更有效？答案仍然是非也！这还要看对方如何对你提供的信息刺激做出反应。比如，本来你是很认真地说一句话，而对方很可能并不当一回事。这些问题都涉及被沟通者对信息（刺激）的心理反应方式。

### （3）有效的沟通需要高水平的信息传递技巧

一次有效的沟通活动，会涉及多种多样的心理技术，即如何以符合心理规律的方式刺激对方，并让对方产生预期的反应。

据说，美国总统罗斯福的轿车被送到白宫时，造车工人也被介绍给总统认识。当总统兴高采烈地和前来参观的人握手寒暄时，这个生性腼腆的工人就默默地站在一旁。最后他们要离开时，罗斯福找出这位工人，叫出了他的名字，并和他亲切握手，热情致谢。这位工人一生都记得那一刻的感动。

在这个过程中，罗斯福的语言（表达意思）、肢体（展现热情）、动作及叫出名字这样的特定行为（表现态度）等构成了一个独立的、多种心理技术融合的沟通模式。

客观地说，沟通不是一个简单的对话交流，不是一个可以轻率处理的任务。沟通可能有大有小、有复杂有简单。例如，组织管理领域的沟通、品牌宣传领域的沟通、政治生活中的沟通等就比较复杂，而朋友之间、亲人之间的沟通等就相对比较简单。但是，无论是复杂还是简单，都是一个心理刺激和唤醒的过程，它都涉及人们深层的心理刺激和反应机制。

**学心理，用心理**

沟通是否产生足够的说服力，首先取决于感觉，然后才是理性的思考。

试图通过雄辩的分析、论述或者辨论展开沟通，最多让人哑口无言，但绝不会让人信服。

所有的沟通活动，其最终效果的好坏，其实取决于一种复杂感觉的结果判断。

我们每一个人会依据自身的感觉行事，感觉甚至会大于理性所带来的影响。

# 感 觉

## 感觉好，一切都好

古罗马哲学家爱比克泰德曾说：“对所有的人来说，思想和行为都源于一个出处，这个出处就是感觉。”历史上无数哲学家，都曾坚信人类是感觉的动物，心理学也认同这样的观点。

从人的心理来看，感觉对沟通成效的影响是决定性的——所有外部的刺激，最终都会在对方的心理上产生某种心理感受（感觉），并决定对方的行为反应。

所以，如果你在沟通过程中给对方造成了消极的感觉，那么沟通的结果很可能是无效，或者适得其反。

举个例子：

同样一项工作，假如领导这样布置：“你必须完成！”这种生硬的命令口吻给人以强迫的感觉，员工即使有其他建设性意见、疑问及顾虑也不再敢提，甚至找理由拖延。如果换一种口吻安排：“你看承担这项工作有哪些困难需要帮忙解决？”下属便乐意接受，自然也会精心付诸执行。

生活中有很多事例，可以佐证感觉对于沟通成效的决定性影响。例如：

朋友之间有生活上的交往本来很正常，各种各样的随意的玩笑都可以说，但是当他们突然间因为某些事产生矛盾之后，任何一句玩笑都可能被理解成一种恶性的攻击。

某些意思由父母说出来，要比由老师说出来或者朋友说出来，效果差很多。同样，一个企业最高领导人说出来的话，即使是某种温和的交流，也可能被理解成自上而下的说服，而由外部人员进行的沟通，效果反而可能要好得多。

类似上面的情况，表明人们并不是完全理性的，有时候甚至是非理性的，但却实实在在影响着人们之间的沟通成效。所以我们能看到，当父母发现孩子叛逆而不听从劝导时，找同龄人说服的效果反而更好；我们也同时发现，很多企业聘请职业培训师进行意识训练，只是因为他们说的话——即使他们并非权威，却至少给了员工客观的感觉，因而也产生了较大的说服效果。

心理学研究告诉了我们一个事实：所有的沟通活动，其最终成果取决于一种复杂的感觉——当一个人接受信息刺激时，他实际上会在自己的心理上形成一种综合性的感觉判断，然后据此做出反应。

在一部电影中，张曼玉扮演一位保险业务员，好不容易见到目标客户后，对方却给了她一枚硬币，说是给她回家的路费。

当时她很生气，在她扭头要走的一瞬间，她看到客户的办公室里挂了一张小孩的头像，于是她对头像深鞠一躬说："对不起，我帮不了你了。"

客户大为惊讶，忙问究竟。于是头一单生意就这样谈成了。原来这个客户最爱护他的儿子，所以把儿子的头像挂在办公室里天天看。

电影并非真实生活，却反映了一个基本的事实：我们每一个人会依据自身的感觉行事，感觉甚至大于理性所带来的影响——那些宣称用雄辩的理性去说服别人的人，其实是狂妄无知的，因为说服一个人的决定性力量在于个人是否能唤醒对方的心理感觉。

任何一个刺激，如果无法从心理感觉上唤醒而只是引起大脑的思辨，那最好的结果也只能是让对方哑口无言，但决不会让对方信服。相反，如果你能让人产生积极的感觉，那么即使在理性的考虑上有所欠缺——比如打或骂对方的目的是使其认识到错误并积极向上，人们一旦在心理上被唤醒便会付诸相对更积极的行为。所以，感觉才是最重要的沟通要素。

那么，我们现在的问题是，感觉究竟是怎么一回事？

回到心理学对感觉的研究上来。

所有沟通活动产生的某种特定感觉，都包括两个部分：一是接受刺激的特定感官系统，二是对感官系统进行有意识或无意识的加工。

这两个部分的内容如图 1-1 所示。

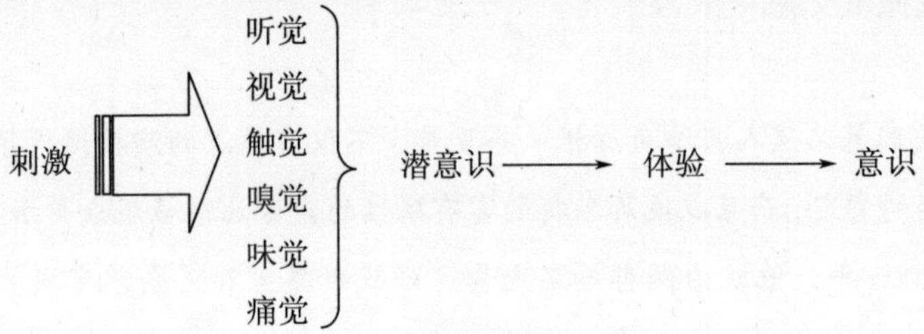


图 1-1　沟通的内在反应过程

以上是一个完整的心理刺激反应流。当一个人说出一句话（听觉刺激）、做出一个动作（视觉刺激）时，都会经由对方特定的感官系统激活其内在的（潜意识层面）心理印记，然后在心理上形成一种独特的潜意识体验，最终才在意识层面上做出某种判断。

我们将在下面的内容中，具体而深入地解读这个心理反应过程及它为什么是这样的，以便我们发现沟通的真正本质。但是，在这之前有必要重申的是，感觉的性质不是由感觉神经的特殊能量决定的，而是由客观世界中信息刺激的性质决定的——直白点说，你在沟通中给对方造成的任何一种糟糕的感觉，都可以通过改变刺激方式调整过来。

**学心理，用心理**

声音对于沟通的含义远远比事实上嘴里吐出的词语内容更丰富、更深远。

深厚、宽音域的迷人声音能够强化个体的美好形象，而尖锐刺耳的声音却在悄悄毁坏个体的形象。

# 听 觉

## 闻声知其人，见人听其声

听觉系统是我们接受外界刺激的最主要的功能器官之一，所接受的是声音刺激，并对其做出反应。

美国著名黑人男演员摩根·弗里曼，不仅以精湛的演技博得了全世界影迷的肯定，而且以他那独特的富有磁性的声音让很多观众更加着迷。单在2005年，他就为两部知名电影《强战世界》和《企鹅宝贝》担任了旁白。

影评家们认为，摩根的声音饱含沧桑感，并能使人产生一种可信的感觉。无论他究竟说出什么话、表达什么意思，这些并不重要，重要的是这种沧桑感使人确信——那是一个睿智而且慈详的长者的话语。

声音的含义远远比事实上嘴里吐出的词语内容更丰富、更深远。一种动听的声音应该是饱满的、充满活力的，并且能够调动他人的感情，所表现的也是说话者的自信。相反，某种软弱无力的声音反映出的很可能是一个人精神状态中的疲惫程度。

澳大利亚研究人员选了18名成年人作为实验对象，要求他们每两个小时提供一次声音样本（即说一些话，并录下来），然后对言语中的各个组成部分进行分析，比如停顿的长度和完成说话任务所需的时长。研究结果表明，随着疲劳程度的不断加深，被试语速放慢，音调的变化增多，同时语气减弱，对负责说话能力的肌肉的控制变得很差。

实验证明，一个人的声音可以衡量出他的疲劳程度。倘若24小时不睡觉，人的声音就会没精打采。这一研究在沟通中显然可以这样理解：当你疲劳的时候，声音会发生变化，因而也会给人造成某种困倦、缺乏热情的感觉，进而会破坏沟通的预期效果。

人与人之间的沟通，58%通过视觉，35%通过听觉，也就是声音信息来实现，我们声音中的特定语汇则只占7%。35%的听觉沟通是通过声音来实现的，这些声音信息包括音质、音量、语调、语气、停顿等语音表达方式。

下面这个简表，为你提供了关于声音的心理刺激特征及其造成的不同感觉（见表1–1）。

**表1-1　声音的刺激要素、特征及感觉结果**

| 要素 | 刺激特征 | 可能的感觉结果 |
|---|---|---|
| 音色 | 反映声波混合特性的心理量 | 能让人区分出发声体，比如是钢琴声还是口哨声等 |
| 响度 | 由振幅所决定 | 振幅大的声波给人大声的感觉，振幅小的声波是一种柔和的感觉 |
| 音调 | 即说话的腔调，是对声音高低的主观感受 | 若语调从始至终均为平的，听者便会感到枯燥，即没有听的兴趣；而若像歌曲一样具有旋律，抑扬顿挫，则会感觉好听 |
| 语气 | 说话的口气 | 感觉在怒吼、柔声、委婉、温和、大骂、烦躁、悲鸣等 |
| 停顿 | 说话时的短暂停止，时断时续 | 会让人感觉有些紧张、有点犹豫，没有自信，但也可能感觉对方有意停下来，让听者稍作休息，然后继续 |

有目的地运用声音的以上要素，可以让你的沟通更出色。

研究发现，很多优秀的电视播音员和节目主持人都拥有独具特色的声音，他们用声音传递出信任、成熟及可靠的信息，因为悦耳、舒服而让人“过耳不忘”。这也是能保持高的电视观众收视率的原因之一。

最经典的案例表现在美国前总统克林顿身上。

克林顿总统的声音独特、沙哑、浑厚，他很擅长用这种略带沙哑的声音去和人民沟通。西方心理学家认为，他的表演天才足以有资格拿奥斯卡大奖。在大选前，他铿锵有力、朝气蓬勃，听起来就是一个强有力的、可靠的，能带来朝气并能实现人民愿望的总统。

但是，在与莱温斯基的性丑闻里，他强化了沙哑的声音，用疲惫的语调恳求民众："请让你们的总统工作。"听起来让人们不得不动恻隐之心，以至于一个女观众在被采访时，几乎哭着呼吁媒体和美国人民："请不要这样对待我们的总统！"

声音是一种威力强大的沟通媒介，通过它可以引起别人的注意，能创造有益的氛围。深厚、宽音域的迷人声音能够强化个体的美好形象，而尖锐刺耳的声音却在悄悄毁坏个体的形象。在沟通中用声音传达信息是独一无二的，其影响也是巨大的，所以才有"闻声知其人，见人听其声"这样的说法。

> **学心理，用心理**
>
> 在沟通过程中，人们对信息进行理解与判断的途径有 55% 是靠视觉实现的。
>
> 通过视觉，你可以感受沟通对象的大小、动静和颜色等变化，这是视觉独一无二的作用。
>
> 视觉是我们最敏锐的感觉。没有视觉发挥作用，我们将无法准确地感受事物的大与小、美与丑等相关的沟通。

# 视觉

## 耳听为虚，眼见为实

民间曾流传这样一个故事：

一个人走进饭店要了酒菜，吃罢从口袋拿钱时发现忘了带钱，便对店老板说："店家，今日忘了带钱，改日送来。"店老板连声说："不碍事，不碍事！"并丝毫不怠慢地把他送出了门。

一个无赖看到了这整个过程，于是他也依葫芦画瓢般照做了一番。但店老板却脸色一变，揪住他，说非剥他衣服抵账不可。

无赖很不服，便问："为什么刚才那人可以赊账，我就不行？"

店家说："人家吃饭，筷子在桌子上找齐，喝酒一盅盅地筛，斯斯文文，吃罢掏出手绢揩嘴，是个有德行的人，岂能赖我几个钱。你呢？筷子往胸前找齐，狼吞虎咽，吃上瘾来，脚踏上条凳，端起酒壶直往嘴里灌，吃罢用袖子揩嘴，分明是个居无定室、食无定餐的无赖之徒，我岂能饶你！"

一席话说得无赖哑口无言，只得留下外衣，狼狈而去。

看完这个故事，让人们惊异的是店家的观察力：第一个顾客看似自然、习惯且有教养的举手投足方式，却和店老板做了一次无声的沟通；而不懂此内情的无赖，最终得到店老板的惩罚也就非常正常了。

像第一个顾客的表现一样，人们通过视觉可以观察到他人的表情、动作和姿态等非语言信息，这通常对沟通有着不同寻常的意义。

视觉本身是一个生理词汇，指的是光作用于个体的视觉器官，使其感受细胞产生兴奋，然后信息经视觉神经系统加工后产生的感觉。通过视觉，人们可以感受到外界事物的大小、颜色和动静等的变化。在人们甚至包括动物在内的信息获得过程中，至少有 80% 的信息是通过视觉获得的；而在沟通过程中，人们对信息进行理解与判断的途径有 55% 是靠视觉实现的。因此，视觉是被研究最为广泛的感觉道。

有这样的一首诗：

去年今日此门中，人面桃花相映红。人面不知何处去，桃花依旧笑春风。（唐·崔护《题都城南庄》）

这首诗所描绘的情景是：在桃花映衬下，少女更加光彩照人，但此情此景只能留在诗人的脑海中，再也找不到了。尽管诗中难掩惆怅之情，但带给诗人视觉上的感受却留下了难以抹去的记忆。试想，假若没有这种视觉上的沟通，诗人情何以堪？所以，视觉之于沟通不可缺少。

在 2010 年世博园的众多国家馆中，波兰馆的点睛之处即在外观，所带给人们的视觉感受是：具有丰富直观画面感的外形抽象且不规则，表面布满了镂空花纹；步入展馆又是一道道色彩变幻的光线，使人产生一种奇幻美妙的感觉。

这种镂空花纹还带给人们中国剪纸艺术的感觉，波兰政府总代表拉沃米尔·麦曼表示，这是波兰和中国文化的共通之处中的一种。另外，该设计团队对展馆的理念表达是：“当代世界充满了视觉体验，视觉形象和沟通形式占据着主导地位。”

这样的视觉形象无疑让我们与波兰这个国家有了一次近距离的沟通。有研究认为，视觉在整合其他感觉的工作中有着非常重要的作用。一般来说，个体通过视觉获得的表象的量是最多的，并且还可以将零碎的东西经过整理得出结论而反馈给行为指挥中心——脑。

正如我们经常听到的“百闻不如一见”、“耳听为虚，眼见为实”，这些词所强调的正是视觉在我们沟通中的重要性，这也让我们理解为什么有些人宁愿相信自己看见的，也不愿相信他人告诉的一些即使是真实的事物。

无论是人与人之间，还是人与物之间的沟通，视觉发挥作用所占的比例往往大于其他部分。古罗马演说家西塞罗也说，视觉是我们最敏锐的感觉。没有视觉发挥作用，我们将无法准确感受事物的大与小、美与丑等相关的沟通。

视觉让我们可以观察周围世界的一切，让我们与世间万物有了沟通的桥梁。这一点，用泰戈尔的话来说就是：“当他微笑时，世界爱上了他。”——正是微笑的脸给了人们视觉上的刺激，让人们理解这一刺激的含义。而相反，苦瓜脸、铁板脸带给人们视觉上的刺激则是不可靠近的，即此时不利于开展沟通活动，人们自然明白远离为首选。

# 触觉

## 来一个亲密的拥抱

学心理，用心理

触觉在沟通中可以被用来表示善意、亲密、温柔及体贴之情。

没有触觉上的沟通，有时的确难以产生预期的效果，但触觉并不是随意的，是以符合道德规范为基础的。

一件新衣服，从拿起到穿到我们的身上，这个接触过程，是一次舒服与否的沟通过程。

人们和万事万物沟通，除了看、听，还需要很多其他的感觉，触摸便是其一。所谓触觉，以人为例，狭义上指的是刺激轻触皮肤经感受器（即能感受内、外环境刺激并将之转换成神经过程的结构）反应而引起的一种肤觉；广义上还包括增加压力使皮肤部分变形所引起的肤觉，也即压觉。而对动物来说，触觉则往往是其重要的定位手段，这一点可以以猫的胡须为例来证明。

每一只猫都有一副威武的胡须，对人来说，猫的胡须或许看起来很好看，但对猫来说，却是一种特殊的感觉器官。猫的胡须左右总的长度和身体的宽度有一定的比例关系，在它的胡须根部有着极灵敏的感觉神经，并且稍碰触物体便有反应，因此猫的胡须更多的是其感觉器官的补充。当猫在黑夜捕捉老鼠时，用来探路和平衡身体的工具便是胡须。假若失去了胡须，猫便会到处磕碰，无法灵活地追赶老鼠，甚至丧失生命。

猫的胡须，是它与外界的一种沟通介质，并且是通过碰触来实现的。不仅猫如此，还有很多动物也用触觉来实现彼此或者与外界的沟通，比如蜜蜂通过“蜂舞”来传递有关蜜源的距离和方向的信息，其中一个重要的刺激就是触刺激；鱼类的侧线器官也是其远距触觉装置，对其辨别外界有重要作用。

这些触觉在动物界的沟通中都具有重要的作用。回到人类的沟通活动，或许我们经过所看、所听能进行正常的交流，但仍然有很多的交流在触觉发挥作用的基础上才能事半功倍。

> 有研究发现，在医院中，如果每天对早产的婴儿抚摸45分钟，不仅会使他们比没有得到抚摸的婴儿成长得快，而且还能促进他们智力的成长。
>
> 另外，当医生用温暖的手抚摸病人的额头，尽管是看其是否在发烧，但病人会因此感到欣慰；当一个人将充满爱的手搭在处于困境的朋友肩上时，可以让朋友感受到一股鼓励的力量；同样地，当这只手搭在紧张和焦虑不安的朋友肩上时，对方会随即感到放松。

对病人的抚摸是一种沟通；搭在朋友肩上的手是一种碰触，也是一种沟通——所传递的是“不要紧张，不要害怕，还有我们”的信息。因此通过触摸，人们可以和他人进行交流，这个人是我们所渴望给予或者接受爱、关注、安慰和热情的人。也可以这样说，触觉在沟通中可以被用来表示善意、亲密、温柔及体贴之情。

> 为了确定哪类神经对引起情绪反应有重要作用，海伦·奥伦森和瑞典及加拿大的同事对一名身体大部分的主要触觉神经已经完全丧失的患者进行了检查。结果发现，一类称为C型触觉纤维的特化神经仍完整无缺。因此，尽管该患者失去了触觉神经，但当用一支柔软的画笔轻抚其胳膊时，她仍然能感觉到一丝快感。研究人员通过特殊的核磁共振成像技术发现，这种令人愉快的轻抚，使得参与情绪处理的脑区得到了激活，因此推断这些纤维便是感情触觉的感受器。

从这个研究中，我们可以感受到触觉在患者的情绪感受中所留下的力量。人体皮肤表面可以接受很多的感觉信息，因为这里分布着很多类型的感受器细胞，并且每一种感受器对来自外界的、作用于皮肤的不同的刺激均会产生反应，可以说皮肤是我们人脑的外层，或者是人脑的延伸部分。比如摩擦皮肤时，对此最为敏感的是一种叫做迈斯纳小体的感受器；而当某个小物体持续按压人们的皮肤时，反应最为剧烈的则是梅克尔触盘。

触觉是人类的第五感官（其余几种也将在本章涉及），也是最为复杂的感官。当我们试穿一件新衣服时，衣服和我们身体的整个接触过程，便是一个沟通过程——或者感觉合身、舒服，或者感觉太紧、太宽、不合适，于是便为我们买还是不买做了指导；当一个孩子因惊吓而有所畏怯、恐惧时，很多人便会把他抱起来，紧紧拥抱着他，并且还会抚摸或者亲吻孩子的头，这样的触觉沟通让孩子意识到的是一种被保护的感觉；当人们拥有亲密恋人时，相互拥抱、相互亲热，同样是通过触觉上的沟通将爱情的暖流注入了对方的心中。

有些人甚至认为“没有触觉”的社会是一种病态的社会，纵然这种观点有些极端，但不可否认，在与人的沟通交流中，没有触觉上的接触，有时的的确确难以产生预期的效果。但这并不是说人们因为沟通而可以毫无禁忌地随意给予他人触觉上的刺激，而需要在沟通中，给予触觉刺激应该遵循社会道德规范，把握好距离和尺度。

学心理，用心理

嗅觉，是一种气息相通与否的沟通，是一种无形的交流。

我们每个人身上都有着一种独特的味道，人们能否相互吸引，最初便源于此，然后才通过交谈、触摸等方式开始加深了解。

嗅觉上的适应，或许会让我们因适应而无感觉，但这种适应其实也是一种沟通。

# 嗅 觉

## 风情迥别，但气味相投

尽管沟通和各种感觉有着联系，但很少有人注意或者认同沟通和嗅觉也有着联系。很多人有这样的疑问，但心理学研究证明，嗅觉的确影响着个体的沟通效果。

谈到嗅觉，人们很自然地认为和味道离不开，但味道不仅和嗅觉有关，也和味觉分不开，而味觉是下节的重点，在本节中将重点叙述以气味为基础的嗅觉。

2008年，心理专家组织了一次“嗅觉”相亲大会。所有参加者都用眼罩遮住眼睛，并戴上面具。男士坐在自己的座位上，女士则用“嗅觉”来找自己所喜欢的味道的男士，或者也可以说是属于自己味道的男士，然后可以轻拍对方三下，以此来表示邀请其参加随后的活动，并在随后的活动中进一步确定双方是否合适。

以“嗅觉”作为相亲的开场，这样的方式在国内很少见，活动中的参加者表现出惊异，并且在“嗅”的过程中感觉很奇特。心理专家说，这样的“嗅觉”是对他人的第一印象，也是记住一个人最持久的方式。

心理学研究发现，我们每个人身上都有着一种独特的味道，人们能否相互吸引，最初便源于此，然后才通过交谈、触摸等方式开始加深了解。

嗅觉，在生理意义上由嗅神经系统和鼻三叉神经系统组成，并共同发挥作用。全球女气味艺术家西塞尔·图拉斯研究发现：从理论上来说，人类的嗅觉可以分辨出 1.5 万种不同的气味，但人们大多数情况下只能用“好闻”或“难闻”来形容这种感觉；倘若要更精确地描述的话，人们充其量也只是打个比方，比如“这个闻起来像苹果，那个有狗的味道”。人们仅仅和气味产生了模糊的沟通，却不知气味背后的意义所在。

德国独立杂志 *MonoKultur* 曾经出版了非常特别的一期，即其中使用了 12 张既无文字也无图片的白页，拿到此期杂志的人们非常诧异，甚至有人认为出版印刷出现了错误，但看到解释时人们才有所顿悟。原来这 12 页纸不是用来看的，而是用来闻的，每张白页都用特殊技术“封存”了某种能引起强烈情绪反应的特殊气味。而这些气味的提供者便是西塞尔·图拉斯。因此，图拉斯曾形象地说 99% 的人在用眼睛和耳朵感知世界，而她用的是鼻子，也就是嗅觉。

通过调动嗅觉而进行的沟通，有时甚至比所看、所听到的更准确，但很多情况下嗅觉并不是单独产生作用的。比如，当我们说某个人睡得真香时，则是将主观感觉和嗅觉沟通联系了起来；当我们说某个人名声很臭时，则是将视听觉和嗅觉联系了起来。因此，当我们的话语中带有描述嗅觉的词汇时，很自然地便与嗅觉联系了起来。

时至今日，无论是电影还是音乐都在满足着人们的视觉、听觉需求，然而由于气味看不见摸不着，人们对它依然没有多少了解。不过，在小说《香水：一个谋杀犯的故事》中，人们仿佛透过纸张闻到了各种气味，来了一次嗅觉上的深度沟通。

小说中的男主角格雷诺耶是嗅觉天才，他善于用各种气味伪装自己，比如一种不引人注意的气味——任何时候都像一件衣服一样披在身上的气味，其固然还有人的似乳酪酸味，却更像透过厚厚的一层干瘪老人身上的亚麻和全毛衣服散发出来的味道；他还用香水散发出一种激发同情的香味；还有用新鲜鸭蛋和发酵面粉做成糊糊，以便让涂了油脂的亚麻布含有香味，仿造出的是一种精子气味，从而引起了某种程度的关注。

小说中的格雷诺耶制造出的各种气味，成功地吸引了人们，并为他随后的行为做好了铺垫，这是利用嗅觉实现的与各种人的沟通，甚至可以说格雷诺耶表现出风情迥异，但却因气味而相投。

我们不可忽略的是与嗅觉有关的沟通，是一种无形交流，并无意中影响着我们的生活。或许你能很容易地想到不想要嗅觉的情况，比如因臭虫的臭而想避免这种臭味上的感官刺激，但很明显，正是这种沟通才让你有了想躲掉的反应，相反，假如没有，则很可能因臭虫而受到其他的伤害。

不过，我们同样不可忽略的是，正如古语所云："入芝兰之室，久而不闻其香；入鲍鱼之肆，久而不闻其臭。"——这样的嗅觉上的适应，或许会让我们因适应而无感觉，但不应忘记最初的嗅觉交流和共鸣，否则香或者臭又有什么区别？

学心理，用心理

记忆中妈妈的味道，也是味觉和我们的一次精神上的沟通。

味觉必然和吃分不开，而与吃有关的一切话题，很可能是最大众化、最多的一种沟通。

人们因味觉而有所反应，表现出自己的喜欢与不喜欢、高兴与不高兴，这对他人来说，便成了认识、了解我们的利用点。

# 味 觉

## 味道不对？变质了！

接下来我们要说的便是味觉。

谈到味觉，则必然和食物，和“吃”相联系。没有“吃”、没有“尝”也就无所谓食物是什么味道了。当然，个体能“吃”、能“尝”靠的是味觉感受器的作用。正像前面提到的，味觉和嗅觉常常相联系而共同发挥作用。

不过，味觉和嗅觉本身并不同。味觉指的是食物在人的口腔内对味觉器官化学感受系统的刺激而产生的一种感觉，是一种近感；而嗅觉是通过长距离感受化学刺激的结果，是一种远感。

味觉在我们日常沟通中的作用和嗅觉一样，经常被人们忽略。其实，大如国际交往，小如家庭交谈，无一不显现了味觉在沟通中的重要意义。

以中国参加世博会为例，真正意义上的第一次参加可以追溯到1915年的巴拿马太平洋万国博览会。在中国展出的物品中，有一陶坛老酒——泸州老窖，但由于种种原因，并没有受到青睐。情急之下一位老客人打翻了一些酒，打翻的酒的香味一下子在会馆中散开，引起了人们的关注，人们开始品尝，结果泸州老窖征服了巴拿马。

酒香——从嗅觉上吸引了宾客的注意力，接着人们开始品尝——从味觉上开始感受，最终征服了所有人，让人们从嗅觉和味觉上有了一次震撼的体验，这个过程恰恰证明的是味觉及嗅觉在沟通中的力量。

这个例子可以说是我们用味觉打开了和世界的交流，不仅如此，同样的交流还显现在我们的小家庭中，正如下面的例子。

在电影《饮食男女》中，郎雄老先生扮演的角色——台北最了不起的名厨，在妻子去世之后肩负起了抚养三个女儿的责任，三个女儿个性充满了叛逆，各自有着各自的问题。但老父亲的一手厨艺却维系着全家的和睦，吃晚饭也成了全家团聚沟通的时刻，这也让每一顿晚饭充满了不同的味道。原本是一桌色香味俱全的美食，然而各种意外——闪电结婚、投资失败、未婚先孕等——都让大家的味觉随着“意外”而“味同嚼蜡”或者是“翻江倒海”。

尽管老父亲所做的那一道道美味因“意外”而感觉味道大变，但这些美味所征服的不仅是中国观众，还有外国人。因此，这个电影告诉我们的是，人与人之间是可以通过菜肴来沟通感情的。

电影中透过各种各样的菜给人们带来了味觉上的刺激，仿佛我们也是剧中人物之一，也体验着这些食物带给我们的味觉刺激。研究表明，从味觉的生理角度来分类，基本上有四种，即酸、甜、苦、咸，他们是食物直接刺激味蕾而产生的。但是人们所体验的味道远不止这四种，可能还会延伸出辣、涩，甚至某些不正常的味道。

人们因味觉而有所反应，表现出自己的喜欢与不喜欢、高兴与不高兴，这对他人来说，便是有了认识、了解我们的可能。一句“我不喜欢吃葱，我讨厌葱的甜味”，一句“我不吃辣的，因为我身体不好不能吃”，所传递给对方的沟通信息是“他不爱吃葱”、“他原来身体不好”，虽然不是实实在在的味觉刺激，但这样的言语沟通的核心依然由味觉决定，也即是对方味觉感受的表白，并把这种感受告诉了我们，这样对彼此展开交流一定是有利而无害。

有人说，妈妈做的饭，永远是子女心目中最能触动五感的一个主题。35岁的苏迪非常认同这句话。她说，记忆里妈妈的饭菜总是让自己馋得流口水，远嫁外地的她恨不得马上飞到母亲身边，让妈妈为自己做那些自己最爱吃的饭菜，那种味道很幸福，是任何饭店里的佳肴都无法相媲美的。

心理专家认为，像苏迪一样，很多人都在记忆中留下了妈妈做的饭菜的味道，之所以如此美妙，是因为它关联着我们对童年的依恋，也是对童年的一种眷恋。这些味道，连接着我们成长的缩影和记录，是我们与心的一种沟通。

但是，因味觉而产生的沟通并不总是有效的，有时也会出现味觉疲劳、味觉消杀等情况下的沟通。比如，当我们感冒时，会感觉所吃的东西索然无味；当我们吃了苦的东西后再喝水时，会感觉水是甜的；当我们吃的东西很甜，随后再吃一些甜的东西时，可能会觉得这随后的东西不如原来吃的时候甜了。

味觉，连接着我们的沟通——可能是国与国的沟通，可能是家庭之间的沟通，也可能是我们与自己记忆的沟通，还可能是……诚然，一个味道上的简单反应，便反映了我们的沟通如何——或者味道正好，或者可能已经变质，或者可能已经适应等，无论是怎样的状态，我们应该正视的是味觉所带来的沟通信息和信号。

**学心理，用心理**

痛觉上的刺激，不仅让我们感觉非常难受，更重要的也是一种心灵上的沟通，所要告诉我们的正是远离伤害，懂得保护自己。

我的心很痛——这是一种抽象的对疼痛的沟通。

看见他的伤口，我很难受——这是一种间接性的对疼痛的感觉，亦是一种交流。

痛苦，没有人能长久地忍受，因此远离疼痛、远离伤害，便是我们与痛沟通的最终目的。

# 痛 觉

## 痛苦，让人远离伤害

前面我们提到了触觉在沟通中的作用，同样地，我们也有一个这样的常识：有时一些接触，尤其是物理性接触会导致疼痛感的产生。这种疼痛，便是人体痛觉的反应。

所谓痛觉，指的是身体对有害刺激所产生的反应。而对有害刺激的界定，通常为那些在强度上足以导致个体组织损伤或者避免导致损伤的刺激。

几乎所有人都有过疼痛的感受，这种感受可以说并不好受，有时人们非常希望不要有疼痛感。但问题是人们这样的想法不可能实现，再就是假如真的没有疼痛感，对人们来说就一定有利而无害吗？

答案并非完全肯定——或者是，或者不是。说“是”，是因为当人们没有疼痛感时，仅仅从经济这一角度来说就能弥补大量的损失。比如，在美国，因慢性的、持续的疼痛而花费的药物治疗和不能工作所导致的损失便达70亿美元（1994）。而说“不是”，是因为感觉到这些疼痛会对人们的生存产生重要的保护作用，从而远离伤害。

美国曾经报道了一例“没有痛觉”的婴儿。当这个婴儿出生后，护士给她扎针采血，她没有哭而是安睡如常；长牙时，她把自己的手指咬得鲜血淋淋也依然很“平静”；她用手“又戳又抓”自己的眼睛，甚至导致左眼角膜严重受损、左眼肿的是右眼的两倍，她也依然没有哭……

种种的奇怪表现，让婴儿的父母恐惧，而最终医生的解释是她患的是“先天性无痛症”，是一种遗传性感觉自律神经障碍，使得痛感的传导受到阻滞，从而不会对任何有伤害性的刺激产生反应，不会躲避，甚至伤害自己而不自知。

这样的疾病让这个婴儿感觉不到疼痛，或者说她失去了对疼痛感的沟通。对疼痛没有感觉，自然不可能有什么反应，也不可能有所谓的沟通，这带给个体的无疑犹如“灭顶之灾”。

因此，能否感受到痛是我们人体所需要的一种重要的防御信号——以警示个体远离伤害。所以正常来说，我们可能随时会遭遇疼痛的“袭击”，也随时准备好保护自己。

当伤害性刺激作用于我们身体时，我们能感受到不同的疼痛，比如刺痛、烧伤痛、胀痛、撕裂痛、绞痛等。这些疼痛感一旦产生，便也是个体和身体沟通、交流的开始。不仅如此，不同的人对不同痛觉的感受敏感度并不一样，比如在前线打仗的战士可能感觉伤口并不怎么疼痛，而有的人可能对刺入皮肤的注射针所带来的疼痛便忍受不了。前后的差异显而易见。

另外，人们和痛觉之间的交流，有时只要看到发生在他人身上的疼痛事件便能有所感触，也能产生犹如疼痛者本人所承受的那种疼痛。

电影《唐山大地震》便让我们感受到了这份锥心的痛。失去挚爱的亲人，是一种痛；救女儿还是救儿子的“单一”抉择，是一种痛；眼睁睁看着亲人在自己面前死去却无能为力，也是一种痛；还有片尾那30年来坚持着只能探望“名字”的骑车人，他的痛苦也若隐若现……面对这些，换作是我们自己，也许所能说的也只能是：“是啊，真痛苦啊！”

看到他人经历的痛，让我们产生的感慨是“不要等到失去了才去珍惜”。这种痛觉上的刺激，一方面让我们感觉非常难受，另一方面，更重要的是一种心灵的沟通，所要告诉我们的正是远离伤害，懂得保护自己。

总的来说，对疼痛的感受不仅和所发生的当时背景、情景有关，而且也和个人的反应习惯有关，比如有的人反应深刻、颇有感触，而有的人则可能冷漠、无反应。不过面对痛苦，人们总是希望它尽快过去、尽快得到解决，这也是人们沟通的目的所在。所以一些缓解痛苦的方法便成为必需，比如放松、分散注意力、催眠等。

学心理，用心理

潜意识可以越过意识而产生直接的反应，以实现沟通。

潜意识并不总是对我们的沟通有利，有时便可能是我们沟通中的一道阻碍墙。

我们需要和潜意识来一些亲密沟通，从而避免被不知不觉说服。

一个人的大脑就像一个沉睡的巨人，而潜意识就是这个“沉睡的巨人”，我们欠缺的是和“它”的沟通。

# 潜意识

## 谁在不知不觉中被说服

一个人对刺激的反应能力如何，均由大脑来控制来实现。而大脑能否控制好，则通过意识和潜意识两部分来实现。其中，此节我们的重点是潜意识。

潜意识，心理学家弗洛伊德的解释为，潜藏在我们一般意识之下的一股神秘力量，是相对于意识而存在的一种思想。简单来说，当一个人开始学骑自行车，整个学习的过程及刚刚上路的时候，都是意识在发挥作用；而当彻底熟练并形成了习惯时，则便是潜意识来操控了。

不过，意识和潜意识并没有明显的界限，有时人们分不清到底是受意识的影响，还是潜意识控制的结果。但是与潜意识相比，意识所发挥作用的部分非常小，正如弗洛伊德所比喻的“是冰山上的一角”。因此，在我们的沟通中，当各种各样的感觉刺激作用于头脑时，人们所做出的某种反应很大程度上便可能是被潜意识说服的结果。

张洁再次和好友吵了一架，其实原因很简单，好友想劝张洁不要再迷恋网络，因为她的身体已经吃不消，甚至不得不靠药物维持才有精神。但张洁不仅不领情，反而还非常刻薄地说了好友一顿，好友很伤心也很无奈地离开了。事后，张洁自己说：“我知道这样做不对，但就是无法控制自己。”

像张洁这样事后懊恼的人很多，问题在于人们口中所说的“自己”在哪儿？其实，这个“自己”就是人们自身的潜意识。或许人们会认为此时是意识在发挥作用，但实际上潜意识无时无刻不在发挥着作用，也就是说除非一个人的生命结束，否则潜意识终究能说服人们去做或者不做某些事。

然而，人们有时并不能感受到潜意识对自己的影响，比如上例中的“自己”的刻薄话语，很可能和内心潜意识的某种被压抑的感受有关，比如童年受过的创伤、曾经受到父母不断否定的眼神，以及对童年顺从经历的无意识反抗等。不仅如此，潜意识还可以越过意识而产生直接的反应，以实现沟通。

当我们的手指碰到火或者像火一样的东西时，我们会产生迅速退缩的反应，这是因为我们的潜意识中已经有了对火的经验；当看到一只欲扑向自己的恶犬时，我们来不及思考便会做出拔腿狂奔的反应，这是因为我们的潜意识已经直接做出命令；当我们每天回家走同样的路时，这个过程便慢慢印在了我们的潜意识中，而假如某天正想着公事，很可能在走到家时还没反应，甚至回想不起来是如何走回来的，也不记得何时走过了本想进去逛一下的某个店面，这正是潜意识控制的结果。

因此，在某些类似的情况中，我们接收到了某些感觉上的刺激，即使意识有所表现但很大程度上来不及反应——告诉我们应如何做，而是潜意识——越过了意识——直接做出了快速的反应。

很明显，潜意识的力量如此庞大，在沟通中可以兼顾很多东西，这对我们来说是非常有利的。不过，潜意识并不总是对我们的沟通有利，有时便可能是我们沟通中的一道阻碍墙。

电影《爱德华大夫》中，男主角爱德华大夫是一位年轻有为的精神病科专家，被推举为格林玛纳斯精神病疗养院的新任院长。然而，从他接任开始，他便表现出了让人不理解的一面。

当爱德华大夫出现在餐厅时，女主角医生康斯坦丝随即被他的魅力所吸引，接着他们在餐桌上愉快地交谈着，康斯坦丝向爱德华大夫介绍户外的游泳池，并随手用餐叉在桌布上画出了弯曲的泳道，但对此爱德华却表现出很不安，面部抽搐起来，并说这些东西看起来令人感到厌烦。

像正常的情节一样，男女主角相互爱慕，并开始交往。然而在一次彼此热烈的拥抱时，爱德华突然看到了康斯坦丝睡衣上及床上的条纹图案，然后便惊恐地推开了她。

同样的事情又发生了很多次，这些不得不让康斯坦丝怀疑起来。经过辗转求证，并在她老师的帮助下才发现，爱德华大夫之所以如此，是因为他压抑了和潜意识的沟通，或者说他的潜意识有意隐藏了那些让他不安的信息——真正的爱德华大夫被害的信息。

潜意识一直在爱德华大夫的头脑中发挥着作用，并且从来也不会有伤害他的动机，即使有时它并不能让他明白自己为什么这样做。

英国心理学家、教育家托尼·布赞曾指出：“一个人的大脑就像一个沉睡的巨人，而潜意识就是这个‘沉睡的巨人’。”我们能感受到这个“巨人”在我们身上所具有的力量，但同样地，我们所欠缺的是和这个“巨人”的沟通，比如使他平静下来、集中注意力感受其所在，以及对他说感谢的话等。否则，我们所应看到的更多的是和潜意识积极、主动地沟通，而不是不知不觉中就被说服。

**学心理，用心理**

体验，是一种身临其境的感官感受的沟通过程。

感觉到爽快是一种体验，并且有时无法用言语来表达出来。

体验，是我们对自身感觉的一种验证、佐证，并引导着我们与自身的沟通。

体验，让我们对刺激由虚变实，让我们的绝大部分反应符合自己的身心所想。

# 体 验

## 一场身临其境的感官盛宴

面对刺激，我们可能因潜意识而做出某种反应，并且这种反应是我们所不能控制的。而有些刺激，让我们产生的是说不清道不明的感觉，这种感觉既不是不可控制的潜意识所为，也不是意识的清晰反应，而是由心理的某种体验决定的。

我们体验到了什么？体验到的东西首先让我们感受到的是一种真实感，并能在大脑中留下深刻的印象，也可以使我们随时想起、回忆起这个曾经感受过的“东西”。这种体验，是我们对自身感觉的一种验证、佐证，并引导着我们与自身的沟通。

以试车的体验为例，不妨先看看下面的例子。

2007 年 7 月，尽管北京的天气有些炎热，但保时捷全球路演北京站仍然吸引了大批的保时捷车迷。尽管车迷们已经从宣传海报中大致了解了此次上市的新款保时捷跑车的性能、特色，但能够亲自试驾才是对自己最深刻的体验。保时捷（中国）总经理毕少朴对此深有感触。

毕少朴说：“我非常幸运有机会试驾保时捷的每一辆车。”他还说：“从我拥有第一辆保时捷开始，直到现在，每天早晨起来开车时，仍然有那么多的激情，仍然享受它所带给自己的乐趣。另外，对我来说，保时捷是一种信念，能带给我更多的自信。”

一般来说，一款新车在上市前，往往会做大量的宣传活动，比如性能方面的画报，喜欢车的人们对这些画报表现出无尽的喜欢，并且被宣传中所描述的各项功能所吸引。但是仅限于此，因为无论人们再怎么想象，也不可能真正体验到坐在里面、发动引擎、奔驰在路途中的畅快感受，因此唯有体验才能达到这样的效果。通过体验，人们感受到了那份兴奋、那份游刃有余等，这是画报所不能表达的一种感觉。

这便是体验，是一种身临其境的真正感官感受的沟通过程。也许当人们问试驾的车手有何感觉时，或许他们的言语仅限于“太爽了”等之类的词，但真正的爽快体验也许无法用言语表达清楚。

因此，在我们的沟通生活中，这种体验有时便引导着我们的选择——只有体验到了才会选择，否则即使对方描述得“天花乱坠”，人们也可能无动于衷。

当我们游走于各个商场时，看上某件衣服，导购可能随即为我们找到尺寸合适的一件让我们试穿；当走到食品区时，我们也可能看到导购端着某种新口味的食品让顾客免费品尝；当我们想买某种健身器械时，导购也会让我们亲自操作、运用一下……

所有这些“试穿”、“试尝”、“试用”等都是为了让人们有所体验，与自身的感官进行一次亲密沟通。当然，前提是人们对对方产生了兴趣，否则没有兴趣，人们自然也不想去体验。

由于人们因体验而产生不同的反应，很多企业在与顾客的交流沟通中实施了一种体验营销——通过让目标顾客观摩、聆听、尝试、试用等方式，使其亲身体验企业提供的产品或服务，以便能实际感知产品或服务的性能或品质，最终让顾客主动喜欢并购买自己产品的营销过程。

茶叶的包装颜色是否会影响人们的味觉体验。对此，研究者进行了研究。研究者把同样品质的绿茶分成四份，分别装进了红、绿、蓝、棕色的茶罐中，然后请人饮用。结果发现：

80% 的人认为，红色茶罐里的茶气味较浓郁、回味无穷，档次较高；

96% 的人认为，绿色茶罐中的茶气味清新、品质纯正、颜色比较清澈，是新茶；

87% 的人认为，蓝色茶罐中的茶有酸涩感，风味也一般；

92% 的人认为，棕色茶罐里的茶比较醇厚、浓郁，品质也纯正，是陈茶。

人们在体验茶的味道时，因包装不同而产生了不一样的感觉，这种体验带来的不同结果给了销售商们一些包装颜色上的启发。

体验，让我们对刺激由虚变实。在沟通活动中，我们因刺激体会到了什么，又通过体验感受到了什么样的变化，这些无疑将影响着我们的反应。一旦体验与我们清晰的意识相结合，我们所做出的反应不能说所有，但绝大部分将是符合自己身心所想的结果。

# 意 识

## 意识到了，才能够思考

**学心理，用心理**

真正而有效的沟通，是在意识层面进行的，是人们知、情、意三者的统一。

没有意识，人们无法区分自我和外界，沟通也变得困难起来。

自我意识，离不开人们对自身的认识、周围的环境影响，这正和沟通的对象相一致。

意识到了，才能够思考，并且才能是理智的沟通。

我们潜意识所接受到的，以及由此上升为体验的那些感觉是复杂的、综合性的，这就像一个沉在水中的金字塔，潜意识和体验分别构成了底座和腰部。

但是，这两种信息最终都会被我们身体内在的信息分析系统提炼成一种直接的大脑信号，从而形成可供我们思考、分析的“意识”信息。我们可以把它理解成金字塔的顶尖。

现在，我们看看这样的情况：

你要亲自驾车去往效区，但是并不熟悉路线，那么你会在意识的参与下上网查找路线，或者也可以边开车边问路。

你身体突然不舒服，并不知道原因，但是你的意识会让你思考是不是吃什么东西吃坏了，需不需要吃药或者是去医院，然后你会得出一定的结论，并按选择去做。

你发现下属这几天的表现有些颓丧，做事不积极，虽然你并不知道原因，但你会开始认真地注意他的变化及背后的原因，你也会思考需不需要和他沟通一下，需不需要给予他一些帮助。

所有这些都是意识参与的所思、所想及所做。意识，在心理学中的定义是，个体对自己身心状态及对自己同客观世界的关系的觉察与关注程度。其表现为知、情、意三者的统一。

知：人类对客观世界的知识性与理性的追求；

情：即情感，是指人类对客观事物的感受和评价；

意：即意志，是人类在追求某种目的和理想时所表现出来的自我信心、自我毅力和自我克制等的精神状态。

真正而有效的沟通，是在人们的意识层面进行的，是人们知、情、意三者共同发挥作用的结果。

如果意识不到或者意识不发挥作用，我们的沟通会发生什么变化呢？我们可以通过婴儿的行为表现加以理解。

新生婴儿的自我意识并没有形成，你可以发现，他会经常吃自己的手、吃自己的脚，也会吃各种玩具，他并不会区分自己和外界事物；一岁后，婴儿开始用双手玩各种物品，并开始把自己和他人、和物品区分开，此时自我意识开始出现，但完全形成需要一直持续到青春期。

没有意识，人们很难分清自我和外界。在这种不加区分的情况下，沟通自然难以发生，正如婴儿需要父母的全权照顾一样。因此，自我意识的发展离不开人们对自身的认识，也离不开周围的环境，包括周围的人，而这些恰恰是和人们的沟通对象相一致。

为了获得理想的沟通，就要提高个人的自我意识水平，比如增强个人信息的真实度、透明度，加强同外界的联系等，因为意识在沟通中的重要作用，在下面的例子中同样可以发现。

曾有一位记者问周恩来总理：“在你们中国，明明是人的路为什么却要叫‘马路’呢？”——众人一听，皆意识到他在把中国人比作牲口，是在贬低中国人。周总理当然也意识到其意何在，于是不加思索地答道："我们走的是马克思主义道路，简称马路。"

一位赴法的中国留学生曾经也遇到了同样的刁难。

这位中国留学生原来为国内的记者，当他上第一堂对话课时，教授向他发出了挑战："作为记者，请概括一下你在中国是怎样工作的？"记者职业本身与政治关系密切，因此中国留学生很敏感地意识到教授在发难于自己，于是他巧妙地回答道："概括一下来讲，我写我愿意写的东西。"教授随即发问道："我可以知道您来自哪个中国吗？"在场的不同国家的留学生都知道什么意思，于是中国留学生回答道："只有一个中国，教授先生，这是常识。"并注视着在场的同学慢慢地重复了一遍，同时也嘲讽了教授一下，"连这个常识都不知道……"

如果周恩来总理或者这位中国留学生，并没有意识到对方意在刁难自己来贬低我们的祖国，那么结果将不可思议。因此意识到了，才能够让我们思考，并且是理智、敏捷地思考，并能占据沟通的有利时机。

第 2 章

# 沟通成败第一关：注意力

如果你无法让沟通对象注意到你的沟通信息，那么沟通交流活动实际上并不成立，更别提实现有效沟通这一目的了。

学心理，用心理

在外界的诸多刺激中，人们仅仅注意到某些刺激或某些方面，而忽略了其他。

选择性注意对信息的处理，有助于我们快速掌握有用的信息，摒除无用的信息，从而减轻我们承载信息的负担。

“左耳进，右耳出”——信息听过即丢，这是选择性注意的特性。

对信息适当地过滤，这无可厚非，但一定要区分精华和糟粕。

# 选择性注意

## 我们有天然的过滤器

有效沟通的第一步，是引起沟通对象的注意。

那些不被沟通对象注意的刺激，是无法起到沟通效果的——就像课堂上不听老师讲课的学生，他们总是无法接收并理解课程的内容，因此这个“授”与“学”的沟通交流过程实际上是中断的，是不能成立的。

注意，是沟通心理学一个独立的研究内容，其中一个根本性的研究发现就是：人们具有选择性注意的心理特性，即在外界诸多刺激中，人们仅仅注意到某些刺激或刺激的某些方面，而忽略了其他刺激。

你是否有过这样的经历：

> 走在大街上时，经常会收到别人派发的传单。接过传单后，大多数时候匆匆扫一眼，就随手将其扔进了路边的垃圾桶里。但是，有时候也会仔细阅读一下上面的文字，甚至保留起来，以备后用。显然，被仔细阅读或被保留的传单是有用的。另外，无论在多嘈杂的环境中，总能听到希望听到的声音。

无论是对传单的留下或丢掉，还是我们能听到想听的声音，我们之所以这样做，是因为我们的大脑对来自外界的信息进行了选择性的处理。它是沟通对象心理选择过程的第一个环节，也是沟通活动中面临的第一个考验。

生活中充斥着各种信息，电视上的各种节目、路边的各种广告栏及我们与他人所进行的语言或非语言的交流等。面对纷繁复杂的信息，我们有时会感觉应接不暇。心理学观点认为，人的选择性注意正是人们为适应这种多信息社会所产生的自然功能，就像是一个过滤器——对充斥在我们周围的信息进行筛选，对我们需要的信息予以保留，不需要的则被过滤掉。

这种过滤理论的提出者是布罗德本特。布罗德本特认为，神经系统在加工信息的容量方面是有限的，不可能对所有的感觉刺激进行加工。当信息进入神经系统时，首先要通过一个过滤机制，将多余的或不需要的信息过滤掉。因此，只有一部分信息可以通过这个机制，并接受进一步的加工，即那部分能被我们利用的信息。

这确实是一个有用的功能。选择性注意对信息的处理，有助于我们快速掌握有用的信息，摒除无用的信息，从而减轻我们承载信息的负担。

但是，当我们试图去与他人沟通的时候，我们会发现这却是一个实实在在的沟通障碍——因为当你发布信息、说出某些话的时候，对方也许根本上就忽略不计。我们还发现，即使是两个人的单独面谈，也会出现对方只听上半句不听下半句的现象，偶而专注、偶而心不在焉的情况等，这都是选择性注意的原因。

那么，如果我们希望对方能够注意到我们所提供的信息，或者其他形式的沟通刺激，避免选择性注意对沟通过程造成的不利影响——我们应该怎么做？

心理学家研究发现，日常生活中有三种情况较能引起人们的注意：

（1）与自身需求有关的刺激；

（2）预期中可能出现的刺激；

（3）变化明显或比较特殊的。

当人们与他人沟通，所传递的信息属于这三种情况时，便能非常容易引起人们的注意，沟通自然也变得轻松、简单。因此，我们便可以在沟通时“对症下药”了。

有这样的一个企业，企业中的各级领导，包括总裁、副总裁、总监等都会开一个会议。这个会议的特殊之处是内容无关工作，以玩的形式来了解彼此，即让大家互相介绍自己，可以是自己的人生历程，可以是经历的坎坷，也可以是自己的梦想等，在这个会议中人们经常被他人与自己相似的经历所吸引，甚至不等其说完便抢着表示同感。这样沟通的结果不仅增进了彼此之间的友谊，而且团队的凝聚力也非常坚固。

与个人自身有关的信息，尤其还和对方相似，无形中便为沟通提供了持续的便利条件。一般来说，作为信息的传播者，我们向对方表达信息的目的自然是想让对方接受、认可，因此所传播的信息应具有这样的特点：

（1）易得性——只有轻而易举地得到了信息，才有可能进一步了解；

（2）对比性——那些比较能刺激人的神经或比较突出的事物更容易引起人们的注意；

（3）报酬与威胁——人们在乎信息带给自己的利益，而对可能危及自身的警告性信息则报以戒备性注意。

克服选择性注意所造成的不当影响，这些方法无疑是提高沟通对象注意力的有效之道。当然，这种选择性注意是人们自身存在的固有特性，并不可能消除，因此在沟通中有意识地引导人们的注意力，便显得非常重要。

**学心理，用心理**

在沟通中，我们应该“投其所好”——以人们的关注点为沟通的切入点。

抓住对方的关注点，这对沟通来说很重要，甚至将决定沟通效果的成败。

抓住对方的注意力，可能只需要 10 秒钟，但也可能是抓住对方的兴趣所在。

当人们持续关注自己所关注的事情时，便只会选择其中的一部分进行加工。

如果你对对方一无所知，那么就尝试从一些开放性的问题开始吧。

# 目的指向

## 人们只会关注自己关注的

人们固然因选择性注意而对沟通对象产生差别对待，但问题是为什么这部分事物引起了人们的注意？这个问题的答案之一便是人们的目的指向选择。

目的指向选择，指的是人们对将要注意的物体所做出的选择。意思是说，我们看到什么或者听到什么取决于我们想看或想听到的，目标决定了随后的行动。这样的现象比比皆是。

当印着部门所有人绩效考核的成绩单发下来时，你能迅速地从中找出自己的名字和成绩，因为此时你的注意点在自己身上。

当大学毕业的集体照发下来时，你也能快速地找到自己并会产生照得好与不好的感觉，因为此时你的关注点依然是自己。

当公司因拓展而搬到新办公楼，根据职责重新规划了个人办公位置时，员工第一天来上班的注意力在于快速地找到自己的位置，并会整体上观察自己所处的位置。

很明显，一旦事物和自己有关系时，人们的注意力也随即会转向这个与自己有关的事物，换句话说就是：人们会关注自己所关注的。基于这种目的指向选择，心理学发现了一种有趣的现象——鸡尾酒会现象。

在一个声音嘈杂的酒会中，人们相互之间交流着，同时还有音乐声、谈话声、酒杯餐具碰撞声等，这时你也正和他人就某个话题在交谈着，假如在不远处有人提到了你的名字，那么你会非常敏感地有所反应——或者朝向说话人望去，或者便会注意说话者下面提到的话。这种对他人提到自己名字所表现出的敏感的注意力，便是鸡尾酒会现象。

这种现象再次证明了人们的目的指向性选择——人们的关注点在哪里，人们便会关注那里。这带给我们的沟通暗示是，在沟通中我们应该“投其所好”——以人们的关注点为沟通的切入点。

当我们注意某个事物时，很自然地，这个事物便成为注意的焦点，而其他事物便成为背景而被忽略。心理学家发现，当人们持续关注自己所关注的事情时，便只会选择其中的一部分进行加工。

心理学家内瑟等用非常有趣的方法证明了这一点。研究者让被试看一段时长为 1 分钟的录像片，内容由三个穿黑色短袖的运动员和三个穿白色短袖的运动员投篮的比赛场景组成，实验要求被试在看到黑色短袖运动员投篮时按键。在录像中，有一位拿着雨伞的年轻女子从镜头前闪过，但绝大多数的被试把注意力集中在了黑色衣服的运动员身上，而没有注意到这位女子，当研究者重新播放这段录像时，被试才惊奇地发现了这位女子的存在。

由此我们可以肯定地说：人们的确会对周围环境中的某些事物“视而不见”，并且很少注意到这期间的变化。人们的注意力如此，这对沟通来说，抓住对方的注意力无疑显得非常重要，甚至将决定着沟通效果的成败。

因此，下面的几点对在沟通中抓住对方注意力有着不可或缺的作用。

**（1）把握关键 10 秒钟**

一般情况下，沟通双方只给彼此 10 秒钟的注意时间，在这短暂的时间里，主动沟通者应该将自己最想表达的信息传达给对方。这样，便比较容易引起对方的重视，还不会分心，比如“你找对方什么事”、“你为什么找对方而不是别人”。

**（2）跟随对方兴趣转移而转移**

当两个人在一起交流沟通时，或许比较容易做到吸引对方的注意力，但假如有第三个人加入或者更多的人加入，尤其是还吸引了之前对方的注意力，该怎么办？这时便可以用三言两语来让对方听明白“新加入者”的意思，然后顺势再次将话题转移到自己所要沟通的目标上来。

**（3）在过程中发现对方的关注点**

当我们并不知道对方的关注点是什么，但由于某种原因而不得不和对方沟通时，比如参加朋友聚会认识的新朋友，那么我们便可以从尝试开始，用一些开放性的问题引导对方，从中发现对方的关注点，随后的沟通自然变得简单起来。

能否吸引沟通对象的注意力，对沟通双方非常重要，而人们表现出来的却也是非常具有目的指向性。在对方关注的地方开始我们的沟通，即使有哪些不确定的因素则也可以以不变应万变般促成我们的沟通交流，从而达到沟通的效果，并主导他人的注意力。

# 刺激捕获

## 感性的刺激左右沟通效果

**学心理，用心理**

在沟通中，人们或许关注着话题，但一旦意外的环境刺激出现，很可能会让沟通效果大打折扣。

一旦沟通对象自动被无关事物所吸引掉，则将左右你的沟通效果。

刺激捕获，或者让我们的注意力发生转移，忘记了当前的关注点，或者便以这种转移，实现了“他人”的目的。

化“干扰”为利用，才能重新得到沟通话题的主控权。

现在我们来回答上一节开始时的问题的第二个答案，即刺激捕获。如果人们将要沟通的话题正是自己的关注点或目标所在时，那么人们的注意力自然会被吸引；但有时即使话题能吸引人们，一旦环境中其他物体出现，也许这更能自动抓住人们的注意力。

所以，至少在某些情况下，这种刺激捕获会优胜于目的指向选择。也就是说，当某种刺激的特征——环境中的物体——能自动抓住一个人的注意力时，此时沟通对象的目的便不再起作用，而是刺激捕获发挥了作用。

有位教授曾经讲了这样一个故事。

有三只猎狗正在追一只土拨鼠，突然土拨鼠钻进了一个树洞，但从树洞的另一边跑出了一只兔子。这只兔子为了逃命，飞快地向前跑并跳上了一颗大树。由于惊慌与恐惧，它又从树上掉了下来，却砸晕了正在仰头看的三只猎狗，就这样兔子逃脱了。

教授讲完之后让学生们分析这个故事。有人说：“兔子怎么会爬树呢？”也有人说：“一只兔子不可能同时砸晕三条猎狗。”还有人认为这个故事不可信。

教授说：“你们的分析都不错，可是最重要的事情，你们却没有问——土拨鼠哪里去了？”这时学生们才有所顿悟。

这个故事所隐喻的正是人们受到刺激捕获的影响——人们并没有在最初关注的地方继续关注，而被环境中出现的新的刺激转移了注意力。所以面对外界的种种刺激，很多时候，人们在沟通中很难不受刺激捕获的影响。

某商场便利用了刺激捕获的原理，在商场门口设置了一个和真人一样大小的玩具大猩猩，它可以给顾客盖一个入场纪念的图章。因为这个猩猩会活动，也非常的有趣，所以不仅小孩子，连大人也加入了这个盖章队伍中。

不仅这家商场如此，像休闲广场、游乐园等地方，人们看到穿着某些可爱动物样子的整体化装者也会被吸引，并且还会主动和他们说话、照相。

由于环境中各种刺激物的某种明显特征，有时人们便自觉或不自觉地成了它们的“征服者”。很多心理学的实验也证明，人们的注意力会被某些“活动的事物”所吸引。比如，通过对婴儿的观察发现，当同时看到来回转动的玩具和静止的玩具时，婴儿会长时间地注视转动的玩具而非静止的玩具。

至此，我们已经知道了刺激捕获对我们注意力或沟通的影响，那么，这样的影响是好还是不好？通过前面的叙述，我们可以发现，弊大于利——或者让我们的注意力发生转移，忘记了当前的关注点，或者便以“动”的转移来吸引我们的注意力，达到“他人”预期的目的。

在众多的利用者中，也许美国前总统约翰·肯尼迪发挥得淋漓尽致。

美国前总统约翰·肯尼迪以高超的演讲技艺闻名世界。在他的演讲中，他总是能非常成功地运用动作来吸引人们的目光，能巧妙地运用手势来表达所想表达的事情，也还会用左手扣击右手的动作来表现自己的气势。

也许人们可能会感到演讲内容枯燥无味，但那些动作无疑吸引了人们的注意力，使他们很轻松地回到演讲中。

认识到这些，对我们的沟通便有了一定的启示意义。

（1）把握沟通中的方向盘，不要被一些外界的刺激、诱惑等蒙蔽了自己的身心。

（2）选择合适的刺激方式和刺激物，将有利于我们与他人的沟通。

比如，向领导汇报工作，可以采用生动活泼的幻灯片，也可以设计、插入一些新颖的图片、图表等。

与人沟通，必然会有刺激输入人们的大脑，区别在于这种刺激是沟通目的所产生的，还是外界的新刺激产生的。一般我们所想要的均是与我们的目的所相关的刺激，但又不可避免地随时受到无关刺激的干扰，因此我们需要做的便是化干扰为“有利信息”，促进沟通目的的实现。

**学心理，用心理**

感觉适应，即感觉系统对持续作用的刺激输入的反应减少的现象。

当感觉适应在我们的沟通中发挥作用时，它的优点便是能减少我们身心的负担。

感觉适应存在着不利之处，即容易使人丧失警觉性，甚至是受到伤害。

适应，让我们倾向于保持不变，而一旦改变，将又是一次新的沟通。

# 感觉适应

## 唠叨使人丧失注意力

外界的某些新出现的刺激可能会抓住我们的注意力，从而对我们的沟通有所影响。如果这样的刺激持续了很久，对我们的影响是怎样的呢？

一种结果便是失去吸引力，因为我们对其产生了适应，所以已经不能引起我们的注意。心理学对此的解释是感觉适应，即感觉系统对持续作用的刺激输入的反应减少的现象。

有人曾经问苏格拉底结婚的下场是什么，他说："娶一位好老婆的男人，会变得快乐；娶一位坏老婆的男人，会变成哲学家。"陈斌对此深有感触，因为只要他在家，就要不得不接受妻子的唠叨，并且毫无停下来的可能。有时陈斌受不了，会说一句："老婆，有完没有？该休息了吧？"但说完的结果是妻子的声音越来越大。

之后，陈斌慢慢不再回应，也不再生气。时间久了，陈斌甚至还感悟出一些道理，比如说彼此的相伴本身是一种缘，唠叨也不例外，唠叨也是情意的一种表达。

夫妻之间的唠叨现象，在每个家庭中均存在着。像陈斌这样，对唠叨的适应，最终得到的是相携一生，也可以说，他的注意力早已不被唠叨所困扰。这在某种程度上，便是一种感觉——听觉上的适应。

当感觉适应在我们的沟通中发挥作用时，它的优点便是能减少我们身心的负担。比如在声音嘈杂的场所，有些人可以排除各种声音的干扰，专心于一件事，便是对噪声产生了适应。

以毛泽东为例，在湖南长沙读书期间，他每天故意让自己坐在闹市口看书，为的便是培养自己读书的定力和恒心。

这种心境的培养，减少了对读书环境的要求，使读书变成了简单便能实现的事。因为此时的注意力已经投入到了书中，对周围环境的种种情况也产生了适应。

有这样的调查数据显示，在美国，1965 年，18% 的电视观众能准确地回忆出刚刚播放的广告中所宣传的品牌；到了 1980 年，这一数字降到了 7%——观众已经习惯了电视机的存，在以及各种插播的广告。因此，人们更多地适应了电视机中的广告，甚至是不予反应。

由此我们可以看到，感觉适应让我们因刺激的过久或者持续而变得“免疫”。很多现象均是这一适应的表现。比如从暗处来到光亮处，刚开始会觉得看不清周围的东西，几秒之后便可以看清周围的物体，心理学把这种适应过程称为明适应；同样地，当我们进入一个新房间时，刚开始可能会闻到某种味道，但过一会儿，便闻不到了，这是一种嗅觉适应。

我们看到的这些感觉适应，都可以说是我们与外界或者与自身的一种适应性的沟通。不过，感觉适应也存在着不利之处，即容易使人丧失警觉性，甚至是受到伤害。比如患有麻风病的病人，由于对疼痛感的无感觉、没有注意力，使他们容易受到更严重的伤害。

对于感觉适应的影响，我们还可以从下面两个事例得到理解。

我们从小生活的空间，可以说是最为熟悉的环境，当由于某种原因如上学、工作而不得不离开这个地方时，我们把它深深地印在了我们的脑海中。然而几年甚至多年之后，当我们再次回来时，所看到的竟然是发生了很多变化的新面貌，和我们头脑中已适应的样子相差甚远，曾经的熟悉感顿时消失，我们也表现出很大的不适应。

另外，在营销中人们也应用到了感觉适应。当女性习惯于用某一品牌的化妆品时，会对这一品牌“情有独钟”——产生适应；当人们习惯于应用某个网站的工具时，便会经常光顾这个网站，不会轻易改变，而一旦网站做了一些改变，很可能人们会因不适应而放弃或重新适应这个工具。因此，在营销中，销售者们所应抓住的是这部分顾客，所做的营销改变应慎重参考顾客的意见。

就像我们一开始所提到的唠叨现象一样，最终让人们产生的是感觉适应，还是不适应而争吵、分离？前后的不同便决定了人们的注意力所在。当然，因感觉上的适应而对我们的沟通所产生的影响，既有利又有弊，我们所应做的正是抓住利弊，指导沟通。

学心理，用心理

同样是刺激，是他人而不是你引起了对方的注意，这便是差别阈限的缘故。

有差别地表现自己，能引起沟通对象的注意，沟通也顺理成章。

有差别的招牌，也许那个名字最独特、颜色最炫的店吸引了你，并顺利让你踏进脚来。

差别能引起我们的注意力，并有了随后的沟通。

# 差别阈限

## 有理不在声高，而在于要比别人稍高

和他人沟通，如果并没有引起对方的注意，那么一种可能便是人们感觉适应的结果，使人们习以为常；还有一种可能是当与同类刺激相似而无明显差异时，同样不能有效引起人们的注意。

以声音为例，下面的案例正是这一沟通类型的表现之一。

琳达是个38岁的漂亮的英国人，她刚刚晋升为某企业总监。琳达本身是一个非常自信、独立、干练的人，她对自己的事业充满了期望和抱负。追求完美的她同样想获得同事和下级的尊重，为此她想为自己树立良好的个人形象以产生巨大的领导力。

于是，琳达要求形象设计师达到这个目标——要让自己身上的每一个部件都发挥“权威”的作用。在形象设计师的指导下，琳达的确成了一个无可挑剔的、干练的现代女管理者。不过，形象设计师委婉地向琳达提出她的声音可以重新训练。但琳达认为无关紧要，并说：“我从小就这样说话，已经无法改变了。”琳达没有接受设计师的建议。

确实也并没有人告诉琳达，她美中不足的便是她的又尖又细的声音，如同十几岁的女孩。她的同事麦克说：“她那刺耳的声音与她的职务和外表毫不相称。每当她失去耐心时，声音更是变了质，听起来绝对是一个十几岁女孩，而不是快40的成熟的权威女人。”

慢慢地，琳达开始注意自己的声音问题了。当别人争论，她试图调解时，别人好像根本听不到她的声音；当接听电话时，对方常常以为她是一个年轻的秘书。但聪明的琳达也知道，提高嗓门吼出来的声音并不能起到多大的作用，反而给他人留下以权压人的感觉。

因此3个月后，琳达不得不重新接受了形象设计师的建议。

在分析之前，我们首先要引入两个概念性的解释，即差别阈限和差别感受性。差别阈限指的是，人们能够觉察出的两个同类刺激之间的最小物理差异；而差别感受性则指的是，人们能够觉察出的这两个刺激之间最小差异的能力。

因此，琳达的声音带给他人的刺激感受是又尖又细，和人们通常感受到的沉稳、干练的声音相比完全不同，自然毫无权威可言。人们对这前后的不同感受，从心理学上来解释便是差别阈限的原因。对琳达来说，人们对她的声音的感受已经明显超出了差别阈限，或者说已经超出了最合适、最舒服的水平。

对声音来说，有时人们喜欢听到高昂的声音，比如演讲、大合唱；有时人们喜欢听到温婉的细语，比如和关系不错的人交谈；有时人们喜欢不带个人偏好的声音，比如售后服务的电话、营销中的销售电话。

所以说，一个刺激物能否引起沟通对象的注意或者能否让人们接受，和人们能否感受到差别阈限有很大的关系。

当你行走于步行街时，看着各种各样的招牌店，你会选择逛哪家店？如果你并不熟悉任何一家店，也许那个名字最独特、颜色最炫、门口人最多的店变成了你的选择。

当你想购买一件衣服、一双鞋时，你会选择哪一个？面对摆在眼前的很多的衣服或鞋，你很可能从中挑出最喜欢的某几种，然而从这同时喜欢的几种中选出一种，便相对不容易。最终能让你选中的那一件、那一双，一定是某种差别、不同之处让人们如此选择了。

当领导让员工针对某一问题写出自己的解决方案时，如果领导看到的方案大同小异，那么看着看着领导便会不耐烦。但假如领导这时看到你的和其他人的很不一样，也很适用，那么领导便随即对你印象有所改观，并且会印象深刻。

无论是独特的招牌，还是某件衣服或不一样的方案设计吸引了我们，可以确定的是，这些刺激物和我们进行了一次无声的沟通。这些沟通发生的基础便是差别阈限的存在——和众多同类招牌、衣服、解决方案等比较，这些让我们感受到了差别。所以，这些差别吸引了我们的注意力，进而有了随后的沟通。

不过，不同刺激的差别阈限并不一样，有的大有的小；并且当某一刺激的差别阈限越小时，人们的差别感受性越大，反之亦然。

因此在沟通活动中，我们若想抓住沟通对象的注意力，应该充分利用差别阈限的影响力。

# 过度刺激

## 太吵了，也就不吵了

**学心理，用心理**

人们处理任何事情，都会考虑“度”的问题，沟通也不例外。

受过度刺激的影响，人们可能会适应而不影响沟通，也可能受不了变得比刚开始更糟糕。

媒体对暴力事件的详尽介绍和炒作，有时便可能是一个过度刺激。

凡事过犹不及，或强或弱的刺激均不是沟通的最佳刺激。

从同类刺激之中感受到的丝毫差别，人们很可能随即被吸引，一次成功的沟通也便由此展开。还有一种情况，如果人们感受不到差别，所受到的是一种过度刺激，那么将会有什么样的沟通效果呢？

A居住在一个闹区中，清晨会听到叫卖声，比如卖菜的、卖早餐的、送报纸的；接下来的一天更是热闹，收废品的声音、老人下棋的声音、剧团排练节目的声音……到了晚上，各种小吃便排满了一条巷子，人们也三三两两地出来散步、吃些小吃。

在这样的环境里，A第一天感到很乱、很烦，第二天也如此，半个月后开始能安然入睡，一年后这些制造声音的人中有了A的身影，A更是和邻居们互相交流着彼此不用打听便听到的各家信息。这样很吵的环境，最终让A感觉不吵了，甚至喜欢上了这里。

一处闹区，从人们对生活居住条件的要求来说，并不一定合格。当A住在了这里时，闹区从早到晚的各种嘈杂声和A进行着沟通和交流，而A刚开始显然是被动的接受者，这种过度刺激形式的交流，最初影响了他的生活，但最终的效果反而诱发了A的融入甚至喜欢。当然，我们不能忽略的是A本身的性格因素，如果A是一个特别内向的人，那么结果很可能便是搬走。

这是我们的沟通生活中存在的一种现象——过度刺激影响下而产生的沟通。受这种刺激的影响，人与刺激物之间的沟通效果也一分为二。上面的案例可以说是好的一方面——即使吵，也变得不吵了；而过度刺激带来的相反作用在我们的生活工作中也有很多，比如下面的案例。

著名作家马克·吐温曾经有一次在教堂听牧师为捐款而作的演讲。刚开始，他觉得牧师讲得很不错，也很让他感动，并准备听完后就捐款，并且随即掏出了自己所有的钱。

然而又过了10分钟，牧师还没有讲完，马克·吐温开始有些不耐烦了，这时他把钱装回了口袋，只留下了一些零钱准备捐出。又过了10分钟，牧师还是没有讲完，这让马克·吐温非常气愤。最终等到牧师结束长篇大论之后，马克·吐温的决定是一分钱也不捐，甚至还在走时从盘子里拿走了2元钱。

一般来说，类似募捐之类的演讲辞都比较简短，只要大家理解了目的即可，但是这位牧师却做了一次“长篇大论”，这对接收者来说，无疑是一种过度刺激。对于很多人来说，便不能接受，沟通效果自然也大打折扣。

我们再来看看下面的案例。

1999年10月，美国俄亥俄州东北部城克利夫一所中学的一群学生，预谋用枪和自制炸弹先杀死校长、教师、管理人员，然后在与警察对峙时自杀。好在这一阴谋后来被警方所识破。但有人指出，学生们的这一行为“几乎是不久前发生在哥伦比亚中学校园杀人事件的翻版”。

问题是学生们是如何获得的这样的信息。从调查中发现，学生们声称从新闻媒体的报道中学来的。因此，媒体对暴力事件的详尽介绍和炒作成了一个诱发因素。

另外，调查发现，近年来类似这样的“新闻污染”事件在我国也日益严重。新闻中出现了更多的暴力、血腥、色情、污秽、丑陋的图像与细节，比如在关于沉船、坠机、塌方等灾难性事件的报道中，某些媒体对事故现场死者情况进行了过多过细的描写，令人顿时恐惧。

尽管报道在客观性和真实性方面是无可指责的，但有时也加剧了灾难对人们精神的影响，所达到的可能是负面的宣传效果，而非警示的积极效果。

新闻报道是人们透过媒体认识外界的一种主要沟通渠道，然而正如案例中某些媒体的报道一样，过度刺激的负面效果便产生了。

沟通从引起我们的注意力开始，而注意力又和刺激相联系。当接收的是过度刺激时，可能会引起我们的注意，也可能使我们习惯于此，相应地也决定了前后沟通效果的不同。因此，过度——或弱或强的刺激对沟通来说并不是最合适的，而适可而止、恰到好处的刺激或许应该才是传达给人们的。

学心理，用心理

一旦某种东西并不是人们所喜欢的，即使最开始引起了人们的注意，但过不了多久，人们的注意力便会转移，沟通自然失败。

我们会对某种事情或者是某个人抱有执着的态度，很可能是我们对偏好的一种无意识坚持，这一点可以在沟通中加以利用。

人们受偏好选择的影响，很多情况下是无意识的结果。

人们的"喜欢点"在哪里，信息传达者应抓住的"点"便在哪里。

# 偏好选择

## 他敏锐，只因为他喜欢

为什么我们会对某些东西有着强烈的偏好呢？

打开我们的抽屉，摆满了从各处搜集来的邮票，并且一旦听到某张珍贵邮票的消息，我们也会随之而动；那些时尚品牌，从来没有能逃过一些人的视线，他们总是关注着本季度、本年度的时尚潮流方向；还有那些某个行业的精英们，本行业的一举一动都尽在他们的眼中。

人们关注某种事情，注意力也会主动倾向于此，向他人传达的一个信息便是对这些的喜欢。因为喜欢，人们便不断地关注于此，并且对所关注的事情变得敏锐起来，甚至达到了自动反应的程度。

从心理学上来讲，这是人们的偏好选择的结果。这里的偏好选择，实际上是潜藏在人们内心的一种情感和倾向，并且有着明显的个体差异。

广告商们经常利用人们的偏好选择这一特性，来引发人们的购买欲望，比如下例。

很多男人执着于万宝路香烟，为什么？这源于万宝路所成功塑造的品牌形象——"力量、独立"。这是与其他品牌的不同之处，也是万宝路形象的最独特之处，更是万宝路沟通所达到的至高境界。因此，男人对它不只是一种形象上的认识，更是对这一精神的高度认同和热切的向往与执着。

从古至今，人们内心始终对“力量、独立”等品质有着深刻的坚持和追求，男人更是如此。因此，万宝路所抓住、所传达的正是人们的这一偏好，这样的沟通，显然非常能引起人们的共鸣。

人们喜欢与否，在很大程度上影响着注意力的方向。一旦某种东西并不是人们所喜欢的，即使最开始引起了人们的注意，但过不了多久，人们的注意力便会转移，沟通自然失败。

在音乐的王国中，莫扎特绝对是一位天才。在他对音乐的执着过程中，他经历了曲折的选择。莫扎特 3 岁开始弹琴，6 岁开始作曲，8 岁写下了第一部交响乐，11 岁完成了他的第一部歌剧，14 岁便指挥乐队演出了该歌剧。

16 岁开始，他的人生有了不一样的旋律。他被任命为萨尔兹堡宫廷的管风琴师，刚开始他以为这是证明自己才华的一个舞台，尽管他依然创作了大量的优秀作品，但他慢慢开始无法忍受萨尔兹堡大主教的颐指气使、任意欺凌。

终于在 1781 年（25 岁），他脱离了对大主教的依附，来到了维也纳，但命运并没有有所好转，依然很坎坷——他不得不靠教私人学生、举行音乐会演出和出版作品为生。但这些并没有影响他对音乐的执着，他接触到了巴赫、亨德尔的作品，结识了海顿，这些都丰富了他的音乐理念……

莫扎特的一生都在为音乐而执着着。在这个过程中，他做了多次的选择，比如在宫廷当管风琴师、教私人学生等，不管怎么变化，他都坚持着对音乐的追求，原因很简单，因为他喜欢。

人们受偏好选择的影响，很多情况下是一种无意识参与的结果。也就是说，我们会对某种事情或者是某个人抱有执着的态度，很可能是因为我们对偏好的一种无意识坚持。

很多人选牙膏时会选“中华”牌子的，在人们的意识中这个牌子有着一定的象征意义——能让人联想为中国的老牌子，很有熟悉感，这便是一种无意识的坚持，但实际上，联合利华公司拥有着中华牙膏的经营权。

很多人去游乐园玩，包括成人，总是一次又一次地喜欢玩旋转木马。不仅如此，包括其他人所喜爱的游戏，这背后所隐藏的是人们的快乐源泉——儿时童年快乐的记忆。因此，当人们来到游乐园时，实现这些快乐变成了人们选择玩什么的首要出发点，并且人们总是能很快地发现自己喜爱的游戏在哪儿。

这些都是某种形式的沟通，所受的影响因素便是人们的偏好选择。一次沟通，人们的“喜欢点”在哪里，信息传达者所应准确抓住的也在哪里，毕竟抓住了注意力，便有了成功沟通的可能。

**学心理，用心理**

人们常说"现在没心情"，所以，这时的沟通也会变得没意思。

"一见你就有好心情"，自然是沟通效果好到极致的表现。

我们可能不了解对方，也可能是自己当时的情绪的原因，即使要沟通。

理想的沟通形式是以双方情绪良好为前提的，以便博得对方的注意力。

# 情绪背景

## 好心情效应的心理原理

面对人们自己喜欢的事情，如果从情绪上来感受的话，人们的心情一定很愉快。而情绪，是个体受到某种内在或外在的刺激所产生的一种身心激动状态。

显然，情绪的好坏影响着沟通的效果。不妨先看一下好心情效应所带来的影响。所谓好心情效应，指的是当人们心情好时，更容易向他人伸出援助之手的一种心理效应。把这一效应放到沟通心理学中来便是：当人们心情好时，更容易或者愿意和万事万物沟通。

这一效应是通过心理学家的实验来获得的。

在实验中，研究者故意在公用电话亭里放了一枚硬币，然后让被试进入电话亭打电话，被试很容易发现了这枚硬币，并且感到很高兴。然后被试打完电话出来，一名研究者便故意抱着一堆书从这个刚打完电话的被试面前走过，并把书掉在了地上，此时被试看到后，约 90% 的人帮研究者捡起了地上的书。另一种情况是，进入电话亭打电话的被试并没有捡到硬币（研究者没有放），但同样地，他们出来后也遇到了从面前走过并掉下书的研究者，不过结果只有 5% 的人帮研究者捡起了书。

由此可见，当一个人心情好的时候，比较容易会主动帮助需要帮助的人；相应地，我们可以推测到的是：如果这时主动请求帮助，那么也比较容易如愿以偿。

所以，心情的好坏，便成了我们与他人交流的情绪背景。我们都有过这样的体验：

当领导因能力突出而晋升时，非常高兴，这时你拿着很久都没来及批的申请报告单找领导批，多半会爽快地答应；

当别人得到意外收获时，比如中了大奖，这时让其帮忙或者请客则往往比平常容易。

……

这种好心情的情绪背景下，与人沟通让人感觉容易起来，正如人们所说的“不打无准备之仗”，当我们面对沟通问题时也应该考虑到对方的情绪问题，做好各种准备。

这让我们很自然地想到的是：如果沟通对象的情绪现在很不稳定或者处于坏的心情之下，那么我们应该怎样开展沟通呢？难道就一定要等到对方好心情时才能沟通吗？

在回答这个问题之前，我们首先要弄明白的是以下可能导致沟通不顺利的四点：

（1）我们可能不了解自己和对方当时的情绪；

（2）虽然我们常常有意识地控制自己的情绪，但有时情绪依然会急速波动，以至于我们会不由自主地受它支配；

（3）即使大部分情况下我们的理智控制着我们的情感及行为，但仍不能完全把握好某部分的情绪，即使我们加以掩盖或者否认，仍然可能会冒出来影响我们；

（4）我们对情绪的产生没有做好心理准备。

在沟通活动中，这些是对我们情绪认识的局限所在。认识到了局限性，自然会为我们的沟通提供了一定的指导。如果我们碰到了正处于不良情绪的沟通对象，下面的几点可以帮我们有效化解。

★ 意识并承认它的存在

要做到这一点，我们应当学会观察肢体语言所传达的感情信号，通过观察，从中得到有关情绪的重要信息。比如，对身体和嗓音的细微变化的察觉，如果不太确定的话，可以用语言再加以试探。

★ 预测各种情绪反应

当确定对方正处于不良情绪时，我们应当广泛地考虑可能出现的各种问题，并主动地去预料双方所可能提出来的所有问题、建议，甚至要包括相应的应对之策。也就是说，应把所有可能的情况均想到。

★ 稍稍休息一下

如果在沟通中出现了难以控制的情况，而双方的情绪也均被坏情绪所感染，那么，为了减轻可能带来的负面影响，最简单的办法便是暂停接触，让双方都稍稍休息一下。这样可以让双方利用这个时间平静一下，同时也给了双方思考、寻找解决办法的时间。

★ 要做好沟通前的准备

如果双方冷静下来了，那么接下来便会考虑要不要重新开始沟通。在此开始之前，人们首先应该承认自己的情绪影响了彼此，然后可以问自己一些问题来引导自己准备。比如，什么会让我生气，是哪些迹象让我逐渐失去了理智，自己的什么话题会引起对方的生气，我的处理方法会不会再次让其生气，等等。

★ 培养积极的情绪

让自己情绪处于积极状态的一个有效方法是，回忆那些让我们感到精神饱满、乐观自信、干劲十足、充满信心的经历，然后想象着让自己回到这种状态，揣摩当时的感觉和态度，让自己感受到一份鼓舞，从而克服此时此刻所产生的坏情绪。

总的来说，沟通是和有着情绪背景的个体来展开的。一旦处于坏情绪时，即使是向人们推销他最喜欢的东西，人们也可能无动于衷。所以，我们的理想沟通形式也以双方情绪良好为前提，以便博得对方的注意。

学心理，用心理

多余的信息，如果不加控制，便会变成沟通的主题，你原本想达到的目的也无从谈起。

沟通是信息的综合，传达有效的信息足矣，不要自身就带有干扰信息。

任何一种信息都有可能成为干扰信息，如何辨别和利用才是关键。

# 信息干扰

## 信息越多，说服力越低

心理学家曾经做过这样一个实验。

研究者要求被试学习一些单词，比如apple、hat、bicycle、mouse、ear、ball，一直到能正确无误地回忆这些词汇。几天之后，研究者让被试重新学习这些词汇，但所呈现的词汇形式为apple-robe、hat-circle、bicycle-roof等，即每个词汇和另一个配对的词汇同时出现，被试需要同时记忆这两个词汇，直到能正确无误地复现。

在这种情况下，学习这种新词是不是变得更困难？如果现在只回忆原来所记忆的那些词汇，是不是变得更困难？

如果把你自己当成被试，你会发现答案是“是”——这次的回忆比之前的单独回忆变得难起来，因为被试受到了某些信息的干扰。当回忆线索不是有效地指向某个特定目标的时候，便会发生干扰。

这一信息干扰原理同样可以应用到沟通活动之中，当我们和对方交流时，与沟通情境有关的、无关的信息会自动环绕在周围，而其中的一些便可能成为干扰因素而影响着沟通效果。另外，沟通中的信息越多，成为干扰因素的可能性也在增加，说服力也变得更低。

苏辉是一个职场新人，她有一件苦恼的事：每当她鼓起勇气和公司的老员工聊天时，对方经常和她聊上几句就匆忙离开；或者便是正和她说着话，一看到有别的人过来便马上打招呼，并走过去和他人聊天了。苏辉自认为老员工并不讨厌和自己交谈，但也不知道为什么会这样。

后来据苏辉所在公司的同事说，苏辉是一个安静、讨人喜欢的女孩，不过在和她说话时自己的注意力会转移，是因为苏辉说话声音很小，而且经常不敢看着对方，这样一来，公司到处都是人，所以他们的注意力经常被其他的声音、人等吸引过去。

从苏辉同事的述说中，我们可以发现，不仅苏辉自身说话声音小等干扰了对方的注意力，而且公司各处来往、走动的人员也分散了对方的注意力，这些因素均成了干扰因素，并影响着苏辉主动沟通所想达到的效果。

这给我们的启示意义是，在和对方的沟通过程中，一定要尽可能地排除那些信息干扰的细节，让对方谈话时集中注意力，哪怕仅仅只是几分钟，也可以让对方对你留下深刻的印象。

通常来讲，在和对方交往的过程中，可以成为信息干扰的因素主要有内外两方面。

### （1）内在因素

这主要是指由于个人的原因而引导对方的注意力被其他的信息吸引而受到干扰的因素。主要包括不恰当的语言因素、频繁的口语、不适度的身体语言及没有主旨的谈话内容。

以不恰当的语言因素为例，当自己的声音在他人听来是懒洋洋的感觉时，会随即让对方生厌，注意力也会分散；当自己的语速过快时，会让对方感觉急躁，甚至反感、不稳重。因此，这些个人自己或许没有注意到，但“听者有意”，感觉错了，效果也自然错了。

### （2）外部因素

外部因素，自然是个体以外的所有因素，包括沟通对象、沟通环境及交往目的等。

由于每个人注意力持续时间是不同的，我们便不可能掌握每一个说话者在整个沟通过程中都能保持高水平的注意力，一旦有风吹草动，便可能把对方的注意力吸引过去。

和沟通密切相关的另一因素便是所处的环境，因此环境中存在着的不确定因素难免干扰对方，从而使其注意力分散。

尽管这些因素并非人为所能控制，但为了提升沟通效果，引发对方的注意力，我们所应做的便是尽可能地排除一切信息干扰因素。

方法如下：

- 吸引力法则：与人沟通从打招呼开始，打招呼的好与坏同样左右着注意力。如用“你好，很高兴认识你”就不如借用对方身上相关的东西更好，如“你的香水真好闻，是 ×× 的吧”。
- 提纲挈领法则：能否吸引沟通双方的注意力，一般在几秒钟、几分钟便显现出来，因此应该在这短暂的时间里将想要表述的信息传达给对方，这样便能引起对方的重视，也自然不太容易分心。
- 兴趣转移法则：如果在和一个人沟通时，突然出现了第三个人的加入，这第三个人的话题可能会吸引对方，成为你的“干扰”，那么，之前的话题便很难持续。面对这样的情况，不妨顺着这个新话题交谈，用三言两语总结对方的意思，然后便可自然而然地转回目标上来。

与人沟通，难免会有信息干扰。当需要处理的信息越多时，便越难以引起人们的注意力，可能其中的有用信息的说服力也变低了。掌握上面的法则，能有效地减少沟通中的信息干扰，即使是某些临时出现的因素，也可以以不变应万变的方式来处理。

第3章

# 身体中的智能反应：信息加工

什么是最原始的信息？在沟通中，一旦人们接受某种刺激，加工也随即展开，而纯粹的、简单罗列的所谓原始信息是不可能独立存在的。

> **学心理，用心理**
>
> 当人们接收到某一刺激时，然后在大脑发出指令去注意、反应之前，便已经有了一定程度的加工。
>
> 在前注意加工的影响下，人们能熟练地从环境中找到某一由单独特征定义的客体。
>
> 前注意加工让人们在众多刺激之中寻找目标，有时这样可能会提高信息加工的速度，但有时也会让自己无意中遗漏掉一些有用的目标信息。

# 前注意加工

## 开口之前，已定三分

在意识的参与下，人们对来自外界的刺激开始注意，接着进行辨认、分析、确认和记忆等。也就是说，人们是从有意识的注意开始来认识各种刺激的。事实上，存在着这样的一种情况：当人们对很多复杂的信息进行加工时，有可能是在没有注意和觉知的参与下进行的。

这种加工模式便是心理学上的前注意加工，它发生在信息加工的早期，更确切地说是在个体产生注意之前出现的。通俗来说便是，当人们接收到某一刺激时，然后在大脑发出指令去注意、反应之前，人们便已经有了一定程度的加工。

当你和朋友A逛街时，你也许会有这样的经历：A突然朝着熙熙攘攘的来往人群说道："看，那个军人真帅！"接收到这一信息的你会怎么反应？

一般来说，你会立刻仰头朝着来往人群展开搜索，刚开始是放眼扫去，全是穿着各种各样衣服的人们，然后你的第一反应是："哪儿呢，我怎么看不见？"接着你会换个方向或者缩小范围再次查找，直到看见一个满身绿色衣服的人，你才会停下搜索，开始认真注意这个朋友A所称的帅的人。

在整个搜寻过程中，在你发现目标（军人）之前，你只是在大范围地搜索，并不能立刻注意是哪个人，这个阶段便是前注意加工，因为从收到刺激（一个帅的军人）开始，到真正注意到这个军人之前，人们已经进行了加工——确定某个范围内并没有这个人。因此，这个过程便是前注意加工。

心理学家发现，在前注意加工的影响下，人们能熟练地从环境中找到某一由单独特征定义的客体，这最早是由“认知心理学之父”奈瑟尔提出的。

比如，有这样的一个实验（如图 3-1 所示），你能很快地从图中找到一个红色的 Q 吗？

图 3-1　你能找到一个红色的 Q 吗？

如果你是实验中的一位被试，那么，相信你很快能找到图中的红色的字母 Q。也许你会说：图中只有一个红色的 Q，剩下的全是黑色的 Q，差别很明显，所以能很快找到答案。

的确如此。但是，在这个过程中，你发现前注意加工所起的作用了吗？

以这个实验为例，当人们被要求在这众多的字母中寻找具备某一特征的字母时，人们便开始了搜索，首先进行的便是大范围的“扫视”——一扫所有的字母，并对字母有了大概的了解，在这个了解的过程中，符合要求的字母突然进入了视野——引起了注意，答案便出来了。其中，这个扫视的过程——引起注意之前的这段时间——便是前注意加工在发挥作用。

这和我们常说的“开口之前，已定三分”的道理是一样的：在我们说出某些话之前，其实这些话是在一系列加工之后的最后结果。

相反，如果人们认识到前注意加工的这一作用，那么会不会在沟通中加以利用呢？

在电影《暗战》中有这样一个情节，刘德华扮演的盗贼深夜闯入财务公司，并把扮演警察角色的刘青云也成功引入这家财务公司，刘青云在财务公司探索着，并不幸引起了财务公司的注意，然而刘德华的真正目的却是抢劫财务公司隔壁运输公司的幕后主使人的珠宝。

当刘青云意识到被刘德华利用时，便随即让所有的警员封锁了大楼，心想刘德华也一定插翅难飞。但当所有警员的注意力放在搜索刘德华的踪影时，刘德华却穿着一身警服轻松地走出了大楼……

在这个故事中，盗贼刘德华因为抢劫遭到了警员的封锁，并且所有人的注意力都放在了搜索刘德华这件事上，也就是说，在看到刘德华之前，警员的前注意加工完全放在了那些具有“刘德华”特征的人身上了，这样尤其会把其他人——包括警员在内——忽视掉，因此刘德华便利用这一点——穿警员的衣服，顺利走了出去。

显然，前注意加工让人们在众多刺激之中寻找目标，并会自动放弃对其他貌似不是目标物因素的加工，有时这样可能会提高信息加工的速度，但有时也可能会让自己无意中遗漏掉一些有用的目标信息，比如对两个因素组合而成的目标物的搜索，则可能会只注意了其中的某一些目标物而没有看到其他的目标物，这样一来所得到的便不是减少加工的时间，而是要花费更多的时间来再次加工。

**学心理，用心理**

将所接受的刺激的物理特征精确地保持几秒钟或者更短的时间直到模糊，在视觉空间中便是映像记忆。

我们能接收大量的信息，并且信息也进入了我们的映像记忆，但加工程度的不同影响了随后的沟通效果。

一个提示线索，再加上合理的时间，能让对方的加工效果更好。

# 映像记忆

## 每一个视觉都会形成画像

如果向你呈现一幅游乐场游客游玩的图画，你能比较轻松地从中找出哪些人在玩旋转木马或者哪些人在玩极速飞车等。这是人们在视觉和记忆的帮助下完成的一项活动。

那么，如果这样的场景、画面只是在你的眼前呈现几秒钟，随后画被拿走，这时假如问你画面中最上面中间的人在玩什么，你还能轻松地回答出来吗？

很多人在被这样问到时，大脑中显现的是有点清晰，又实则模糊的情景，这时人们便非常想再看一眼这幅画，以便让记忆中有所模糊的画面准确无误地再次清晰起来。

这个短暂的过程——将所接受的刺激的物理特征精确地保持几秒钟或者更短的时间直到模糊，在视觉空间中便是映像记忆。也就是说，通过视觉所接受的刺激，在人们的头脑中会有非常短暂的加工阶段，即记忆阶段。在这个阶段，人们对信息进行了一次加工，形成了一幅画像，虽然非常短暂，但影响不一般。

心理学家施佩林便做了一项有关人们映像记忆的实验研究。

实验中，他给被试呈现一些由三行字母和数字构成的列阵，比如7 1 v f、x l 5 3或b 4 w 7等；对被试的要求是回忆尽可能多的项目，但回忆条件并不相同。第一种是让被试努力回忆实验中的所有项目；第二种是被试接受同样的项目，但在刺激之后会有一个声音（分高、中、低三种）提示被试回忆相应的单词，并且回答不出来时会受到警告及惩罚。

结果发现，在第一种情况下，通常被试能报告约4个项目；在第二种情况下，无论要求被试回答哪一行，随后的回忆成绩都相当不错（几乎能完全回忆出一行的内容）。

所以，施佩林认为所有的信息都进入了人们的映像记忆中，容量非常大，但和第一种条件下的回忆一样，信息在人们的记忆中会迅速消退。

这给我们的沟通带来的启示是：在某种程度上，我们能接收大量的信息，并且信息也进入了我们的映像记忆，但加工程度的不同影响了随后的沟通效果。

孙磊是高中数学老师，每一节课他都要写几黑板的字，学生们更是眼睛眨也不眨地盯着黑板看，而手却也丝毫不敢停着——始终在飞快地记着笔记。不过，孙磊并不喜欢这样，他认为学生应该多听，至于黑板上的内容，听懂便可以，不用记下来。

所以，孙磊讲课很快，经常是学生们还没写完，他就擦掉了黑板，这样一来，学生们经常是听懂了前面，也抄下了前面的内容，但后面的内容只有模糊的印象，至于究竟是什么，则既没有记住，也没有留下书面记录，因此终究是不懂这“没有记住”的内容。

我们可以看到，学生们的听课，除了听老师的声音，还有视觉上的刺激，可以说是听和看相结合的沟通。这些信息，尤其是看到的信息，成了学生串联记忆的线索，然而老师的“擦”行为，却让学生对信息的加工出现了“断层”，并最终影响了教与学的沟通效果。

另外，这里所说的“映像记忆”，和一些人所认为的“照片式记忆”并不一样。所谓的“照片式记忆”是一种异常清晰的表象（表象即事物不在眼前而在头脑中出现的此事物的形象）。有这种体验的人能够回忆出某种事物的相关细节，并且持续时间也比映像记忆长。研究发现，大约有8%的青春期前的孩子有这样的“照片式记忆”体验，而成人几乎不会有。因此，在这里所看到的应该是映像记忆，而非照片式记忆。

那么至此，我们应该如何把握映像记忆对信息加工的影响呢？

施佩林对此进行了另一个实验，依然和之前的声音提示回忆方式一样，不过略有不同的是：并不是在刺激之后立即呈现刺激提示声音，而是在刺激呈现后，延迟 10 ～ 1000 毫秒不等的时间出现的，以这种方式要求被试报告某一行的字母。

结果表明的是，被试的回忆成绩随提示声音延迟出现的时间的推移而有所下降，当延迟 1 秒钟后，所回忆的成绩和最初的第一种回忆方式的成绩相同。因此，映像记忆在头脑中的保持随提示声音的延迟出现而衰退。

所以在我们的沟通中，对信息进行加工时，不仅要给予刺激一个合理的提示线索，还要控制好时间。

# 回声记忆

## 声音在我们头脑中回荡

学心理，用心理

人们所说的话是一个音一个音发出来的，即是单个刺激，而人们却能在接收到刺激之后自动将其“连词成句”。

听觉系统对声音方面的刺激信息的瞬间保持，即回声记忆。

回声记忆所保持的刺激数量最多为5个，明显低于映像记忆（9个）。

一旦我们所接受的声音刺激过多时，这些信息将被随后的新的信息所替代。

通过施佩林的实验，我们了解了在视觉领域所发生的对刺激的初步记忆加工方式。除此之外，我们还会接收到来自听觉上的刺激。来自声音的刺激是否也和视觉刺激一样能影响人们的加工呢？这引起了心理学家的关注。

我们听他人说话，所听到的话是成句成篇的，但实际上，人们所说的话是一个音一个音发出来的，也就是说是单个刺激，而人们却能在接收到刺激之后自动将其“连词成句”。

我们听一场歌剧、一场音乐会，听电视剧中人们的交谈声音而不是看等，所接收的不可能是歌剧的单个词、音乐曲谱的单个调子，也不可能是电视剧中的某个人的单个词，我们的反应是歌剧那么有感情，音乐那么优美，电视剧演员的声音那么到位……

这便是回声记忆的作用所在。

听觉系统对声音方面的刺激信息的瞬间保持，即回声记忆，又称为声象记忆。和映像记忆一样，回声记忆的保持时间也非常短暂，但又比映像记忆稍长约5～10秒，这便能使人们将刚刚听到的每一个音暂时记录下来然后形成声像、形成一串连贯的音符而被加工。

美国心理学家莫里、贝茨和巴尼特等人最早提出了这一概念，并通过实验证明了它的存在及其特点。随后，达尔文、特维等人进一步改进了该实验。

在实验中，莫里等以施佩林的实验方法为参考，设计了一个“四耳人实验”，即被试会听到来自其前后左右四个方向的声音，然后按声音的呈现顺序报告出内容。

后来，达尔文改进了这一方法，他首先让被试带上具有双声道功能的立体声耳机，然后同时向被试双耳输送声音刺激——由字母和数字组编而成，比如左耳听到的是“B”和“5”，同时给右耳输入的是“M”和“5”，然后让被试报告所听到的内容。

结果发现，被试的主观体验是从左耳听到的是B，右耳是M，而5似乎是从头部正中传来的，因此声音刺激的传送位置影响了人们的加工，更重要的是人们把刺激归为整体来加工的。

这个实验让我们看到了回声记忆对人们进行信息加工的影响——或许会区分某些单个信息，但一定是作为整体中的部分来看待的。

那么，问题是人们所加工的这个“整体”的容量是多大的。弄清楚这个问题，可以让我们把握沟通时刺激数量的多少，以避免过度刺激或者刺激较弱所造成的信息加工不顺利的局面。

和施佩林一样，达尔文等在后续实验中对这一问题进行了验证，即不再是让被试回忆出所有的刺激内容，而是只回忆规定的那部分。具体来说是，在被试面前的屏幕中会出现一个光条，所出现的位置分为左、中、右三种情况，比如光条在左的位置，则报告左声道的内容。

结果发现，当声音刺激的呈现时间为1秒，光条延迟4秒出现时，被试报告的项目为4.25个，相当于全部回忆时的成绩；若光条是延迟2秒出现的，被试的回忆数量已经超过了全部回忆时的成绩。

因此，回声记忆所保持的刺激数量最多为5个，明显低于映像记忆（9个），研究发现，这可能是与声音刺激的呈现方式及相对较慢的速度有关。这让我们在沟通中必须注意的是：当传达给沟通对象的刺激是声音刺激时，应该适当控制刺激的数量，尤其要低于视觉刺激。

那么，一旦我们所接受的声音刺激过多时，将会出现什么样的反应呢？研究发现，这些信息将被随后的新的信息所替代。

如果有一个人为你朗读一系列的单词，并且你只能听，不能看稿纸上的单词，那么随着越来越多的单词刺激，你能记住所有的单词吗？研究发现，大多数人并不能，因为人们往往是记住了最新的那些单词，而忘记了最初的那些单词。

另外，研究发现，当人们接受很多的声音刺激时，人们会自动对刺激进行归类，当把所听到的声音归在目标对象中时，在人们的记忆加工中保持的时间会长一些，否则人们便会自动忽略、丢掉。

来自声音方面的刺激，人们将如何进行回声记忆式的加工，可能被当作整体来加工，也可能受刺激数量和归类方式的影响而有所选择、有所替代，这便是我们与声音的沟通模式。

**学心理，用心理**

情境，有时能充当沟通话题的“引导者”和“帮助者”。

对缺失部分的补充、解释，能让人们减少缺憾，实现完整化的沟通。

我们对沟通对象有一定的了解，才可以自动填补；否则，将适得其反。

# 音素重建

## 丢失的声音会被自动填补

受回声记忆保持容量的局限，我们会把先接受的那部分刺激替换掉。但是，如果这“丢掉”的声音，因为某种原因需要重新“寻回”时，人们还能找得回来吗？

答案是：能。

一般来说，人与人之间的沟通总是发生在一定的情境中的，这个情境有时便可能充当了沟通话题的“引导者”和“帮助者”。

电影《让子弹飞》中，随着故事情节的发展，真的张麻子（姜文饰）抓获了假张麻子，汤师爷急忙问假张麻子自己的老婆孩子呢？假张麻子说：“在送往山西的途中已被杀了。”听到此话的汤师爷即刻跑向通往山西的大路，却不幸中了假张麻子埋的地雷。

临死前，汤师爷除了劝告张麻子不要回鹅城之外，还说道：“我还有两个秘密没有告诉你……”没等说完便断了气，故事中的张麻子对此表现出心知肚明。

但观众想知道的是汤师爷没有说完的秘密究竟指的是什么？这引起了网友的无限猜测，有人说：一个是老二的死是他告的密；一个是他喜欢花姐，花姐是黄四郎的卧底。也有人颇具调侃意味地说：瞒着姜文拍了《非诚勿扰2》和《赵氏孤儿》……

无论汤师爷究竟想要表达的秘密是什么，我们可以看到的是，张麻子了然于心，但也不挑明；影迷们根据故事的情节也进行了大量的猜测，并且显现出一定的合理性，让人们对电影的缺失部分内容有了更完善、更清晰的了解。

这样的补充、解释让人们减少了缺憾感。类似地，当人们处于很多声音信号的环境中时，人们也往往很少觉察到某一声音信号的中断，而是能自动填补缺失的部分，这便是一种音素重建现象。

> 有这样一个情境：你和朋友在一个很热闹、很吵的酒吧，有摇滚音乐声，有跳舞的吼声，人们也三五成群地大声交谈着。这时，你的朋友正在和你聊天，其间有很多话并不是听得很清楚，但根据听清的部分内容大概能猜出个所以然来，因为朋友对自己的回应还是比较满意的。

事实上，这样吵闹的环境，人们很有可能漏掉某些声音刺激，即使是自己所说的话，也有可能部分被掩盖而不能准确地传达到对方耳朵里。关键是，我们自己或者对方依然能猜出大概并有所回应。

> 假设你是在一个吵闹的舞会中，和你一起来的朋友对你说了一句话，但有些模糊不清，你所听清的部分是："I have to go home to walk my (noise)og."在朋友说最后一个词时，舞会突然爆发出很高的喝彩声而让你没有听清这个词的 /d/ 音，但你能猜测出来大概是 dog，为什么。
>
> 因为你能根据脑海中所储存的记忆进行搜索，与此相似的词，比如 dog、fog、log 等，同时再结合听清的前半部分内容，则自然会选择 dog 这个词。

所以，人们会在大脑中自动搜索所有可能的词汇，然后有所鉴别、判断，以便和对方继续交流。这样的情境并不仅局限于声音方面的刺激之中，还经常发生在其他的日常沟通中。

当我们看到贴在墙壁上的广告时，由于时间太久，其中的某些字已经脱落、模糊了，但这并不影响我们去读，因为我们会根据某几句话或者某个词而猜出来。

当驾车行驶于郊外时，我们判断路线往往依靠的是路标。当看到一个缺了一角的写着“×× 农庄由此向？”的标识牌时，问号部分只能看到的是“东”字的上半部分，那么这时你会怎么做？很显然，人们并不会有所停留，而是瞟上一眼，直接向东驶去，因为人们在头脑中已经自动填补了这缺失的部分。

或许人们会遇到一些缺失更多、更严重的需要自动填补的现象，但就像对于模糊声音刺激的处理一样——人们很可能难以说出自己到底是接收到了一个完整的夹杂着噪声的话语，还是接收到了部分原始声音被噪声所替代的词——大脑会自动进行填补。

这种类似音素重建的信息加工方式，能让人们减少沟通的障碍，促进彼此的交流，但一定要建立在对沟通对象的了解之上，否则，若是很陌生、很生疏的情境，只能是适得其反，这是因为人们的大脑进行的自动填补，其实是一种自上而下的假设驱动加工。

**学心理，用心理**

从接触信息开始，一种期待和假设也随即开始，并将影响整个加工过程。

假设驱动和人们过去的知识、经验和现实分不开。

# 假设驱动

## 自上而下的信息加工

和他人沟通不管清楚与否，一般会围绕某个话题而展开，而我们会针对这个话题做出自己的某种假设——或喜欢而畅所欲言，或反感而保持沉默。这个反应过程，便是我们大脑对信息的一种加工过程——假设驱动加工。

所谓假设驱动加工，又称为自上而下的加工，指的是当接受到外界信息以后，人脑便随即形成对该信息的某种期待与假设。这种期待和假设制约着加工的每一阶段，并且也影响着加工的水平和程度。

有这样的两幅画，如图 3-2 所示。

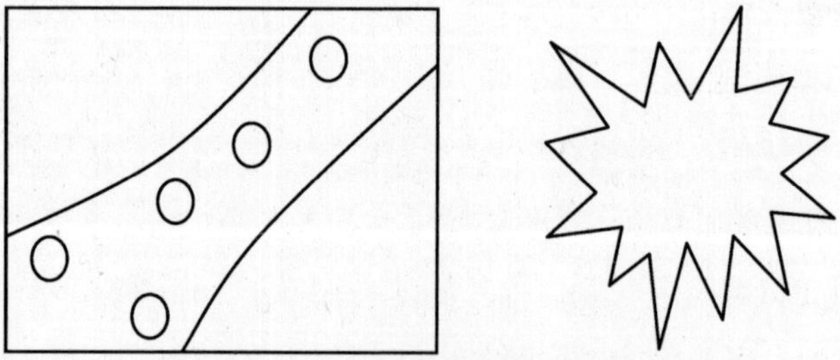

图 3-2　你能看出这是什么吗?

你能看出这两幅图画什么意思吗？很多人认为这并没有什么特殊意义，也看不出什么特殊之处。但是，如果加上下面的旁白呢？

图画一：一只长颈鹿的脖子；图画二：一个爆炸的气球。

加上这样的注解，人们会恍然大悟：原来如此。显然，注解影响着人们的期待和假设：当人们单独看到这两幅画时便产生了一种假设——没什么特殊意义；当看到注解时，人们的期待随即发生了变化。因此，如果没有这些注解，那么这两幅画没有任何意义；一旦在注解的引导下，你便会发现其中的意义，即一种自上而下的加工出现。

现代心理学认为，假设驱动和人们过去的知识、经验和现实刺激分不开，它们共同影响着人们对刺激的期待和假设。也就是说，人们在接受刺激信息时，在已有知识、经验等的基础上，会形成关于此刺激是什么的期待和假设，并进而引导人们随后的加工。

2010 年 1 月底，美国苹果公司首席执行官史蒂夫·乔布斯亲自发布了传闻已久的 iPad——平板电脑，可以浏览互联网、收发电子邮件、观看电子书、播放视频或音频等功能。

在 iPad 发布之前，通过苹果公司的宣传，人们便已经开始了对该产品的想象：它是不是和 iPhone 一样，应该比 iPhone 功能更齐全一些吧，它是不是 Tablet（一种平板形状的笔记本电脑），它的价位是不是和 iPhone 差不多，它的形状、性能和已出现的平板电脑有什么不同，等等，所有这些问题都让人们对 iPad 充满了期待。

等到 iPad 真正上市后，所具有的特点是：可以让你上网不受时间、地点的限制，因为它有内置的 3G 网络；你也不必担心它像普通的笔记本电脑一样沉重，它非常的轻巧简约；再就是，它拥有超常的电池使用时长，正常满电情况下可以使用 10 小时，所以你外出可以不用带电源了；另外，在程序软件、iPad 模版、外观上等都让其他公司望尘莫及，给人们带来的是颠覆性的冲击。

这只是苹果公司的第一期产品，现在 iPad2 也已上市，想必冲击力将再一次影响人们的预期。

对苹果公司的产品 iPad——这一刺激的整个加工过程中，人们对相关产品的了解、经验是基础，从这些出发，人们开始了更高一层次的想象，可以说这个加工过程即是假设驱动式的加工，非常强调人们原有知识和已有经验、概念对解释、组织新的输入信息的影响。

现在心理学界已经承认的是：人们对信息的加工方式中必然包括这种假设驱动。这种信息加工模式在消费领域、商业活动、企业管理等中有着不同程度的应用，其加工的方式我们已经了解。

但是，如果没有任何提示性的信息出现，又如何能开始加工呢？所以这时只能是人们的幻觉。同时，这也向我们暗示的是源于刺激信息的加工的重要性，即从刺激信息出发而进行的数据驱动加工。

**学心理，用心理**

从较小的具体特征开始，然后是较大的整体意义上的加工，即此时对信息的加工是层层递进的。

较低阶段的加工处理不好，必然将影响较高阶段的判断。

如果你所获得的完全是外界信息，包括他人的言论，则不要轻易做出倒向一边的判断，要和经验、事实以及知识相衔接起来。

# 数据驱动

## 自下而上的信息加工

当比利时天才设计师 Olivier Theyskens 成为资深品牌 Nina Ricci 的创意掌门人时，也同时继承了一大笔财富——著名的香氛 L' Air Du Temps。这位天才设计师对服装有着独特的创意，一次一个晶莹剔透的香氛水晶瓶——瓶身的曲线和女性的身材一样，瓶身披着一层鹅黄色，并充满了罗纹——打动了他，让他随即产生了灵感，并马上设计出了一套绝美的裙子。当模特穿着这件衣服出场时，让所有人感觉到的是那些布料在围绕肌肤轻轻旋转。

这种源于外界环境的刺激——香氛水晶瓶，然后与大脑存储的相关知识而加工的过程，便是一种自下而上的加工——数据驱动。

这种数据驱动式的加工，通常是先对较小的知觉单元（即刺激信息的某些特征）进行分析，然后才会扩展到较大的知觉单元，经过这样的一系列连续的加工而达到对刺激信息的最后解释。

比如，现在呈现在你面前一个汉字“程”，那么从视觉开始，你先确认的是这个字的各个部分的特征，如撇、捺、横、竖线等，然后会将这些特征结合起来确认为字的一部分，最后搜索大脑中的知识，确认这是一个字，并且是正确的字。

在这个过程中，对汉字“程”的加工是从较小的具体特征开始，然后转向了较大的整体意义上的加工。并且其中较高阶段的加工依赖于较低阶段的加工程度，因此这种数据驱动式的加工非常强调最初的外界刺激的作用。

在电视剧《风语》中，身为国民党黑室——破译情报密码的机构——的“一把手”陆从骏，对所有人保持着高度警惕和怀疑心。其中，当陈家鹄（破译情报密码的高手）收到妹妹陈家燕从延安寄来的平安信后，他因为思念而没有及时销毁信件，这却被陆从骏发现了。

但陆从骏并没有怀疑陈家鹄是共产党，而是再次认为另外一个人——林蓉蓉（当时在黑室的卧底）是共产党。因此，为了让林蓉蓉自己暴露身份，他设计了一个阴谋——找到陈家鹄妹妹的一些衣物、书籍，然后让一个人伪装成其妹妹的样子，并照下了伪装者装死的照片。

当这些照片拿到陈家鹄眼前时，他顿时崩溃、伤心欲绝，和之前收到妹妹的平安信不同，现在他既不相信妹妹平安着，也不确定这照片中的死者就是妹妹，但不安让他不得不倾向于相信照片……

随后的情节发展曲曲折折。我们想要说明的是，在陆从骏设计的这个阴谋中，陈家鹄彻彻底底被利用了，因为他是以照片和一封信——这两种刺激物来作为依据的，是一种较低阶段的信息加工，而更高阶段的判断受到了干扰，从而让他难以确定答案到底是什么。

所以，在沟通活动中如果首先获得的是外界刺激信息，那么一定不要轻易做出判断，要和自己的经验、事实、知识等衔接起来，综合判断之后再作出决定。

至此，我们便已经知道，人们的信息加工方式可以是假设驱动加工，也可以是数据驱动，二者的不同在于是源于外界刺激的加工，还是源于内心的期待和假设。那么，在一次信息加工活动中，究竟是哪种加工方式发挥着作用呢？

试想做一次拼图游戏：刚开始，只有一些简单的、单一的及具有某些颜色的拼块，这时你只能根据这些信息刺激开始摸索、拼凑；而经过几次错误的尝试，这种拼凑渐渐有了一个初步模糊的样子，接下来开始出现大致整体的轮廓，这时你再寻找某个拼块时，变得有目的、清晰了，甚至是带着大概的样子来寻找某一拼块的，直到最后完全拼出这幅图。

从开始到最后的成功完成，你有没有发现你的加工模式发生了变化，即开始依据的是简单的拼块——这一外界刺激，接着出现大致轮廓之后，你开始根据头脑中构思的样子来找恰当的拼块——转向了假设驱动。

所以，在一次信息加工过程中，既有数据驱动加工，也有假设驱动加工。如果只有前者，那么加工负担很可能会很重，甚至使人难以承担；相反，如果只有第二种，那么人们的加工很可能有些不切实际或者是幻觉，即没有刺激的作用。

另外是，在不同的情况下，对这两种加工形式的侧重点有所不同。也就是说，有的情况下更多的用的是数据驱动加工，而另一些情况可能更依赖于假设驱动。

**学心理，用心理**

受空间、时间的影响，人们会对信息有所分类、有所区分。

根据接近律而自动组合在一起的信息，有时很可能会误导人们，而沟通的预期效果也被大打折扣。

如果两朵花长得很像，挨得也很近，被人们误认为是一种花的概率将大大提升。

# 接近律

## 距离最近的将被组合在一起

对接收的刺激，我们的头脑会自动进行加工，可能是从刺激开始而加工，也可能从自身的愿望出发进行了加工。不仅如此，受空间、时间的影响，我们对信息的加工方式也发生着变化。

格式塔心理学家马克斯·韦特海默就曾做过这样的相关研究。在研究中，他给观看者呈现几幅由简单几何图形组成的阵列，如图 3-3 所示。

| | | |
|---|---|---|
| 0 0 0 0 0 | 00000 | 0　0　0　0 |
| 0 0 0 0 0 | 00000 | 0　0　0　0 |
| 0 0 0 0 0 | 00000 | 0　0　0　0 |
| 0 0 0 0 0 | 00000 | 0　0　0　0 |
| | | 0　0　0　0 |
| A | B | C |

图 3-3　几何图形阵列

看到这几幅图，假如你是被试，你会有什么反应？是不是 A 图水平或垂直方向看起来没什么区别，B 图是成行组合的，而 C 图则是垂直的列。

其实，这几幅图的不同之处是前后改变了一个因素，即 A 图是标准阵列，B 图是相邻圆点的水平距离小于垂直距离，C 图则是垂直距离小于水平距离，因此，图片的组合方式影响了人们对信息的加工，这便是韦特海默知觉组织原则中的接近律——在其他条件相同时，人们根据信息各部分彼此接近或邻近的程度而进行组合或加工。

各种信息之间总是按着某种规律而存在着，刺激一旦出现，人们便有意或者无意地应用着这样的规律。比如下面的线条（见图 3-4）同样如此。

图 3-4　不同的线条

很自然地，和多数人一样，我们会把第一条垂直线看成单独的一条线，而把第二条和第三条、第四条和第五条分别看成整体，但实际上它们没有任何不同，均是单一的一条垂直线，只不过人们习惯把它们有所分类、有所区分，所依据的正是接近律。

> 当你拿出自己初中、高中、大学的毕业照让某个朋友看时，你的朋友会从中找到你，并且相应地也会猜测你所在位置周围的几个人是与你关系要好的几个朋友。原因很简单，并不是因为对方知道这几个人与你关系要好，而是因为对方自动把你周围的人组合到了一起，正是空间上的接近性的选择。

透过照片中空间上的接近性，人们或许是偶然地猜对，但这种偶然猜测不仅打开了沟通的话题，同时也无意中使用了接近律的原则。

> 当提起天安门时，人们自然会把其附近的故宫、人民英雄纪念碑等联系在一起。
>
> 当按一定的时间间隔发出一系列的轻拍声时，时间上接近的某些声音就比较容易被人们记住。
>
> 当在广场上散步时，举目望向整个广场，人们会自动将某些人归

为一类，比如那三个围在一起的人，那四个并排坐在一起的人，又或者即使某个人坐在某几个人旁边，但人们依然能确定他不属于这几个人，等等。

人们在接近律的影响下加工着自己所接受的各种刺激，并也在刺激出现时主动运用着这一规律，即指导着自己与他人、事物的沟通。

人们可能很惊讶的是，透过自己的视觉系统，看到了一个自动经过整合的信息，这个过程毫不费力。然而人们忽略的是，根据接近律而自动组合在一起的信息，有时很可能会误导人们，而沟通的预期效果也被大打折扣。

摄影爱好者陈彤喜欢随意抓拍一些人、事、物。比如，她想抓拍一些反映恋人间真情实感的照片，她便走到大街上，看着过往的人们，开始找那些恋人来配合。陈彤心想，相携而走的人一定是情侣，按照这种想法找了几对人，也照了相。

当陈彤又看到两个人一前一后、一左一右笑着聊着天走来时，她同样走到人家跟前问了起来，结果对方非常不好意思地说“我们不是情侣”，并且随即分开很大的一段距离继续往前走了，留下的只是发呆的陈彤，她没想到自己看错了，还让人家尴尬起来。

其实，陈彤便是根据人们彼此距离的远近而做出的判断，但显然并不是完全有效，其中的“我们不是情侣”的回答便宣告着她的失误。

当有人问苏可“以色列是什么国家时”，苏可想也不想地说：“伊斯兰国家啊！”但对方却说：“为什么？”她说：“以色列不是在中东吗？中东不就是伊斯兰国家所在吗？”对方非常无奈地说：“你以为是在中东的国家都是以色列国家啊。”

正像苏可一样，很多人认为中东是伊斯兰国家的所在地，但实际上，比如以色列便不是伊斯兰国家，但它属于中东地区（以色列 81.2% 的人为犹太人，信仰犹太教，故被视为一个犹太教国家）。

像这样，面对所接受的刺激，受空间、时间距离上的影响，人们表现出了不同的加工模式。而结果是或者受其利，或者便受其害，也就影响着人们随后的沟通效果。所以对信息进行加工，可以发挥接近律的作用，但应有所区分。

**学心理，用心理**

当其他条件相同时，人们会根据某种相似特性而把事物组合在一起。

如果你被误认为餐厅服务员，那么很可能是你的衣服让对方如此。

捕捉“相似性”是推销员的职业“敲门砖”。

人们总是喜欢从单一信息中找到熟悉，而从众多信息中，却喜欢由不同找到“相同”。

# 相似律

## 条件等同时，最相似的将被组合

同样是心理学家韦特海默的研究，他让被试观察了一些不一样的图片，如图3-5所示。

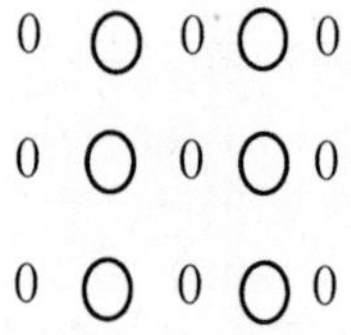

图 3-5　不同的圆点

假如你是被试之一，你的大脑会这样反应：小圆点是一排，然后大圆点又是一排。我们可以发现，无论是大圆点还是小圆点，水平或者垂直的距离并没有什么不同，但我们在对其进行加工时依然进行了区分，也就是说，人们把相似的刺激当作一类进行了组合。这便是格式塔心理学派中知觉组织原则中的相似律——当其他条件相同时，人们根据某种相似特性而把事物组合在了一起。

因相似而被组合，这是人们对信息进行加工时所运用的又一规律。回到我们的日常沟通活动中，我们其实一直在受到相似性的影响。

一幅电影宣传海报，如果你被吸引是因为海报中的某一个突入眼帘的颜色，比如蓝色块，那么随即你会被其中的所有蓝色块所吸引，也就是说你会注意到海报中的所有蓝色块。

同样地，当走在大街上，某幢楼的窗户突然吸引了你，比如窗户的形状比较独特、很少见，那么你便开始了对其的观察，并且你所观察的并不是这一扇窗，而是和这个窗户一样类型的所有窗户，即将相同的窗户看作了整体。

再比如，走进一家大型餐厅，服务员会为你热情地服务，如果在随后的用餐中你有某种需要，你会很自然地搜寻、看向某个服务员，并且一般不会把某个客人当作服务员；走进图书超市，里面的管理人员在各个位置走动着，他们准备着随时为您服务，而你也能轻松地找到他们；原因很简单，人们能把穿着一致的服务人员、管理人员组合为一个整体，所以在头脑中从一开始便对信息进行了加工。

或许人们并没有注意到，因为对诸如案例之类的反应，人们会感觉很平常、很普通，但从心理学的角度可以发现，这些正是相似律在信息加工时所发挥的作用。

当对某种刺激信息进行加工时，它有什么特点、它和其他事物有什么不同或者有什么相同，这些问题从接触这个刺激开始便自动出现了，并且人们会自动、自发地有所回答、有所解释。简单来说，就是人们会自动产生不同点、相同点方面的疑问，然后进行一定加工。所以，当接触的信息很多时，那些不同之处会被人们意识到，并且当这些“不同”是所有信息都存在时便成了相似，也自然被组合到了一起。

在销售界有这样的一句话：捕捉“相似性”是推销员的职业“敲门砖”。推销员的工作在很大程度上并不表现在直接的“推销”上，很多情况下只需找到客户的“相似性”。

汽车销售员莫尼对此有着这样的感受，当检查顾客拿来想交换的旧车时，他会寻找关于顾客的背景和兴趣点。比如，当顾客的行李箱中有露营装备时，他会提到自己在工作之余经常到远离城市喧嚣的郊外去休憩；当顾客的后座有高尔夫球杆时，他会顺口说自己的希望——明天最好不要下雨，这样自己才可以和朋友去打早已计划好的一场十八洞的球；当他发现某一顾客的车是在外省买的，他会惊讶地说自己曾经在那里生活过半年。

莫尼的如此推销之道，看起来可能并不很起眼，但的确发挥着作用。正如公司的销售记录上所表明的，每个月莫尼总能比其他人多卖出几辆。而这多卖出来的几辆，对公司、对莫尼个人来说意义都非常不一般。

这是销售员利用“相似”让人们说“是”的案例，我们可以发现，找到了相似，也就找到了沟通的机会，也找到了联络感情的途径，从而使得相互信任有了可能，自然为最终的推销埋下了伏笔。

研究也发现，在更多的情况下人们并不喜欢不同、相异。

20 世纪 70 年代初的一项研究，研究者发现当时年轻人的穿着主要有两种类型，即要么像嬉皮士，要么不像嬉皮士，接着研究者便让被试穿着像或不像嬉皮士的衣服进入校园，他们要向大学生借钱以便打电话。结果是，当被试的穿着与被问到的学生是同一风格时，多于 2/3 的人得到了帮助；而若被问到的是相反风格的学生，成功借到钱的比例还不到一半。

因此，人们在对信息有所反应时，相似性在无意识中发挥着一定的力量。所以我们可以总结的是：如果面对的是单一信息，人们倾向于找到某种熟悉；如果面对的是众多信息，人们则倾向于从众多“不同”中归纳出某些“相同”，也就是找出其中的相似，然后加以组合。

**学心理，用心理**

人们倾向于从整体的角度来认识某个沟通对象。

单个音符并不能让人们感受到整首曲子的美妙，所以人们喜欢完整而非残缺。

人们为了保持整体的完美、一致，会尽可能地找到缺少的部分信息。

以整体的眼光看待信息，会让加工简单化，但也可能会掩盖部分缺点。

# 格式塔

## 整体大于局部之和

如果向你呈现下面的图片（见图 3-6），你会如何反应？

图 3-6 你看到的是什么

在第一幅图片中，你看到的是一个完整的三角形吗？在第二幅图片中，你看到的是一个五角星吗？

一般来说，人们的反应的确如此。事实上，第一幅图片中并不存在三角形，只不过是黑色的扇形圆、两个同样大小的梯形和一个长方形共同组成的一幅画，而摆放的位置让人们看到了三角形的存在。而在第二幅图片中也不是完整的五角星，仔细看可以发现实际上是相同的五个角而已。

但是，为什么人们这么容易把他们看成完整的三角形或五角星呢？

这所反映的便是格式塔心理学的核心原理：格式塔——整体的意义。意思是说，人们倾向于从整体的角度来认识某个沟通对象，其最著名的观点是整体大于局部之和，部分相加不等于整体。

在一幅水彩画中，每种颜色都是这幅画的一部分，如果单独看某一种颜色的话，人们并不能感受这幅画的好看之处，只有把所有的颜色归为整体，人们自然能感悟到作者画的美和画的意义所在。

在音乐中，每个音符是一首曲子的一部分，这些单个的音符并不能让人们感受到多少美妙，只有这些音符被当作整体弹奏出来时，才能让人们得到听觉上的享受。

一辆自行车，它由各种零部件所组成，单独拿出任何一个零件，比如脚蹬子、车链子让人们看，那么人们的反应一定是这是哪个车子上的，就自动把这些东西看作了车子的一部分，而不是单独的整体。

所有这些表现，让我们认同的是人们倾向于以整体来认识某一事物。这一点也正是格式塔心理学家苛勒和韦特海默所主张的：心理现象只有被看作是有组织和结构的整体而不是分解成最初的各个部分才可以理解。

以格式塔原理对信息进行加工的模式，在我们的日常生活、工作和学习等的沟通活动中显现着，但这种信息加工模式，并不是完全正确、有利的，有时也会因此而出现错误。

在销售心理学中有一个配套效应，意思是说，18 世纪有个哲学家叫丹尼斯，他朋友送他一件高雅华丽的睡袍，丹尼斯非常喜欢。但当他在家穿上时，他感觉家里的家具、地毯等显得和睡袍格格不入，于是为了能和睡袍看起来相配，他换掉了家里的所有旧东西，以便整体上看起来非常的完美。但结果丹尼斯还是感觉不舒服，后来经济学家施罗尔把这一行为称为“配套效应”。

尽管配套效应意在说明，人们有时会为了某一东西而同时购买与其看似配套的所有东西，但是如果站在格式塔原理的角度，人们的这种购买行为又何尝不是为了满足整体上的一致性呢？

这便是格式塔原理在商业领域的一种利用，让人们出现了本不应该出现的错误。相反，如果人们能从局部、部分来加工信息的话，或许便可以避免格式塔的“整体”意义的影响了。

宋新下班走到小区门口，看到有一人站在一辆轿车旁边，一动不动地在看着什么。宋新心想：这个人应该是这个车的主人吧，否则不应该这样看来看去啊。这样想的宋新便没有怀疑地走进了小区。

但是，就在宋新走过去的一刹那，宋新想到的是：难道站在车旁的人就一定是车主吗？因为那个人看车的眼神有些飘忽不定，并且总是偷瞄着什么。这让宋新不由自主地向车走去，而越接近那个人越紧张，结果在宋新开口之前，自己竟然先跑了。

宋新便把“站在车旁的人”和车当成了整体，如果是这样对信息进行了格式塔式的加工，那么结果很有可能是让这个人得逞——撬开车门，偷走车或者车里的东西。

的确，当我们把某一沟通对象看作整体时，能让我们的加工简单化，处理也轻松化，但这种加工模式也可能把部分的某些缺点、某些不利特点掩盖住了。所以，正如格式塔学派所说的：人们在接受刺激时，并不是在一开始就区分某一刺激的各个单一的组成部分，而更多的是将各个部分组合起来了。而必要时，便要跳出这种格式塔模式，从部分的角度来加以思考。

# 经验

## 似曾相识，由何而来？

**学心理，用心理**

有经验，我们对信息的加工便不可能是空白。

经验，尤其是在事实基础之上的合理总结，让我们对信息的加工起到事半功倍的作用。

人生本不具备任何知识，而经历——无论是什么，促成了经验的形成和积累。

我们不可能获得所有的经验，而沟通让彼此获得经验，同时又能促进对信息的加工。

人的一生是一个学习的过程。通过学习，人们不仅掌握了知识，也获得或者转化成了自己的人生经验。因此，人们学习的过程也可以说是积累经验的过程。

经验，简单来说，是由实践中得来的认识或技能。比如，有人说的“我吃过的盐比你吃过的米还多”，所强调的正是盐——经验多少的所在。所以，经验的有与无、多与少影响着我们对信息的加工。

唐太宗夺得政权之后，摆在他面前的是经过隋末大乱的十分残破的国家，如何治理振兴成了他的头等大事，于是便召集大臣来商讨。

魏征对大乱之后国家的治理却信心百倍，他说：“大乱之后治理国家，就像饿极了的人吃东西一样，来得更快。”唐太宗却认为：“善人治理国家也要经过百多年的工夫呢。”当时的宰相也同意唐太宗的说法，认为魏征在吹牛、唱高调，劝唐太宗不要听信魏征的话。

对此，魏征给出了自己的理由，他说：“隋朝之所以这么快灭亡，是因为扰民太多。一、隋末凿运河、修东都、筑长城，大量征用民力，给人民造成莫大的危害，所以不应为了个人的享受，而滥用人力、财力；二、隋炀帝经常到各地巡游，每去一地即带大批的官员和随从，这给沿途的百姓带来了很多灾害，所以不应到处巡游；三、隋炀帝曾三次出兵高丽，除了耗费大量的人力和财力，便是给人民造成了沉重的灾难及随后的暴动，所以对外关系的处理很重要。”

基于此，请唐太宗吸取教训，轻徭薄赋、休养生息，最终让唐太宗接受了自己的建议。

魏征用自己对前朝的经验向唐太宗陈述了动乱之后的建国之道，随后的历史也证明了魏征的正确之处。经验，尤其是在事实基础之上的合理总结，对我们进行信息加工及做出决策无疑有着事半功倍的作用。

联想主义心理学奠基人J. 洛克认为，人生来不具备任何知识，一切观念都来自经验（外部经验和内部经验），不论这些观念如何抽象与复杂，都来自经验和经验的联想。这使得人们的一切经历——好事或坏事、自己的事或他人的事——都成了经验的来源，或者依据他人的经验来解决此时接受的信息刺激，或者刺激自身便成了经验。

A在上大学时因为在校外学习Photoshop而认识了培训机构的老师崔红。但两个人因为年龄相仿，更是关系很好的朋友，即使学完知识不再去这个电脑培训公司了，A和崔红也经常联系。

后来，因为不满培训公司的待遇，崔红离开去了省城，依然是教Photoshop，但待遇明显好了。她告诉A，假期可以来找她玩，A也随口答应了。不过快到假期时，崔红开始让A来玩，并且说公司要安排员工一起去九寨沟旅游，可以带人一起去。如果A来，可以和她一起去，什么都不用管也不用花钱。

A向来喜欢旅游，听到这个消息，当然非常高兴，并准备向父母说一声。随后的几天，崔红一直在催A尽快决定，因为公司要确定名额。但当A把这事和舍友、父母还有大伯说了时，所有人都告诉她：天上没有无故掉馅饼的事，她为什么对你这么好啊。尤其是大伯还把当时的传销组织说了一遍。

这让A没了主意，也让她有了理性的思考——崔红为什么对自己这么好，尽管没有答案，但她听信了大家的话：天上不可能掉馅饼，宁愿错过，也不愿陷进风险，所以决定不去了。

一年后，A偶然从电视中看到了崔红，原来是一个传销组织被抓了。这一切真的被大伯说中了，A的好运是听从了大家的经验。

经验，可以是个人的直接经验，也可以是他人的间接经验。面对免费旅游——这么好的事，A显然很高兴，而家人的劝告——间接经验却让她有了理性的思考。所以，经验有时能给予我们一些提醒，避免绕弯路或者被骗。

生活中的我们都有着各种各样的经验，并在经验的指导下对各种刺激进行加工，然后做出随后的决定。但我们不可能完全学到或者得到所有的人生经验，他人的经验便成了我们经验的来源，而获得他人的经验必然需要彼此进行沟通，所以归根结底，沟通让彼此获得经验，同时促进对信息刺激的加工。

**学心理，用心理**

一次沟通，有时候很可能是推理贯通在其中——根据所接受的信息，然后给予一定的推断，从而预测或掌握了可能出现的结果。

归纳推理的前提必须是真实的，否则就很容易导致错误的结论。

一般来说，如果两个前提均正确，则结论也正确；如果任一个前提不正确，则结论也错。

错误的推理，不仅仅是信息加工的错误，更是沟通效果的不能实现。

# 推 理

## 从知觉组织到概念提取

一位医生给病人看病，他会让病人把症状说出来，或者观察病人的症状，然后根据这些症状和所学过的医学知识，做出诊断。

魔术师表演一项魔术，整个过程可能只有几分钟，但观众随即对其中的神秘之处进行推理，观众总是试图找到魔术的原理所在，找到谜团的答案所在。

教师向学生讲了几种几何证明题的解法，接着给学生出了一些题，让学生来证明。在刚刚学到的方法基础上，学生用类似的方法很快证明了这几道题。

推理，在这些事例中无一不显现着，医生依症状进行推理，从而做出诊断；观众依魔术师的表演而进行推理；学生依教师的解法而进行同类推理。推理，是由一个或几个已知的前提，推导出一个未知的结论的思维过程。一次沟通，有时候推理便贯通在其中——根据所接受的信息，然后给予一定的推断，从而预测或掌握了可能出现的结果。

心理学认为，推理可以分为归纳推理和演绎推理。其中，归纳推理指的是从个别性知识推出一般性结论的推理。在现实生活环境中，人们在解决很多问题时运用了归纳推理，并且归纳推理的前提必须是真实的，否则就很容易导致错误的结论。

周末爬山，在中间休息的时候，你看到有三个人拿着旗子在照相；接着你继续爬山，但是不久你又一次看到了几个人拿着同样的旗子；而且随后又出现了一次，这时你便非常肯定地得出自己的结论：这些拿旗子的人是个旅游团，一起来爬山的。

这样的归纳推理，基于一定的事实，显然具有合理性。但下面的却相反。

如果根据某一天有同事迟到了，便推论出这个公司每天都有迟到的人。这一结论很可能并不成立，除非某种特殊情况出现。

对知觉到的刺激，我们的大脑会随即做出反应，归纳推理是一种方式，但并不一定总是正确的。下面的演绎推理同样如此。

演绎推理，又称为三段论推理，是由两个前提和一个结论组成的。这种推理方法的正确与否有时很难判断，一般来说，如果两个前提均正确，则结论也正确；如果任何一个前提错误，则结论也错。

前提 1：所有的鸟类都会飞。

前提 2：鸵鸟是鸟类。

结论：鸵鸟会飞。

显然，这个结论并不正确，因为鸵鸟并不会飞，但它的确是鸟类，原因在于前提 1 本身并不正确，即忽略或者否定了“一些鸟类并不会飞”的事实。因此，心理学研究认为，一个人在真实情境中的演绎推理，既受个人所拥有的相关知识的影响，也受这个特定的推理问题使你能拿来充当证据的资源多少的影响。

所以，演绎推理要求人们先判断两个前提的真假，然后才能判断能否推出最后的结论。

回到现实生活中，我们所接受的信息毕竟是有限的，人们的推理可能是两种的任一种。无论是哪一种，一旦人们根据信息做出了错误的推理，所产生的影响或者后果可能非常巨大。

第二次世界大战太平洋战场中，日本几欲袭击美国，美国也获得了此方面的信息。但美国国内普遍认为，美国国力雄厚，日本并不敢贸然发动战争；而驻瓦胡岛的美军也认为日本海军并没有远洋作战的能力，因此并没有认真防范，甚至是照例放假；同时认为由于珍珠港水浅，日军不可能从空中实施鱼雷攻击，所以未对大型船舰设置防鱼雷网。

因此，基于这样的认识和推理，美国并没有做充分的准备，甚至等到日本大批飞机抵达珍珠港时，还误认为是己方飞机。结果，这一错误判断使美国遭受了自建国以来的最重大的损失。

这是历史上因错误推理而导致严重后果一个实例。如果换成日常沟通情境，这样的推理势必会使沟通双方大动干戈，从此分道扬镳，这样的结果并不是人们所想要的。

或许有时我们可以“举一反三”，也或许因推理不善而导致事倍功半，但推理始终存在着，并让我们在加工信息时自动有所判断、有所预测。

为了使推理帮助我们和对方沟通，我们需要注意的是：当某些信息出现时，不要急着推理，应从信息的正确与否开始判断，如果前提并不正确，那么随后的推理自然也没有意义；如果正确，则要避免被自己有限的知识所局限，不要轻易做出判断，也许再听听对方的话下结论也无妨。

**学心理，用心理**

对信息，人们能进行各种自由发挥式的加工，即想象。

对信息加工的广度会影响沟通的效果，这和人的想象力密切相关。

外界的某种突然刺激，能引发人们的不自觉的想象。

合理、有效的想象，能诱发出更多的信息，从而促进信息的快速加工。

# 想 象

## 一个信息，将集合更多信息

如果说推理是基于一定的事实基础而对信息进行的逻辑性加工，那么还有一种信息加工所凭借的很可能与此相反，而是人们头脑的自由发挥，这便是想象。

和他人交流，我们会有这样的感受：对方向我们表达某一信息，比如南方下雪了，我们对信息接受的同时，头脑自动对其展开了加工；或者想到与此相关的更多的事情，比如“北方下雪时的样子，南方是不是一样”或者随即想到所有可能的结果——天气更阴冷、交通堵塞、货车被堵到高速路上等，也或者这一刺激让我们想到完全不相关的事情——朋友去东北出差了。这些一连串的变化，即是想象。

心理学认为，想象是在头脑中对已有表象进行加工改造而创造新形象的反应活动，是一种特殊形式的思维活动。其中的“已有表象”指的是人们头脑中已有的关于客观事物的形象，站在沟通的角度，这个“已有表象”则可以看作是所接收的各种刺激信息。

和他人沟通、交流是人们存在的基本方式，这个交流沟通的广度和深度到底有多大，和人们想象力密切相关。

当代中国绘画大师吴冠中先生在回忆自己的一生时说，1936 年之前他可能从来没有想过自己将来会成为一位画家。当时是杭州艺术专科学校的新生联合军训，排在队伍前头的朱德群是学画的，而排在队伍后头的吴冠中是电机专业。

当吴冠中得知朱德群是学画的时，他说："我也喜欢画画。"于是朱德群便带他去参观"杭州艺专"，这一看所带来的是吴冠中先生的人生巨变，他在《我负丹青》中说道："我看到了前所未有的图画和雕塑，强烈遭到异样世界的冲击。我开始面对美，美有如此魅力，她轻易就击中了一颗年轻的心，她捕获许多童贞的俘虏，心甘情愿为她奴役的俘虏。十七岁的我拜倒在她的脚下，一头扑向这神异的美之宇宙。"

就这样，吴冠中先生开始了他的艺术生涯，一生致力于油画民族化和中国画现代化的探索。

一次参观，让吴冠中先生受到了从未有过的冲击，这个冲击让他感受到了画中的美和魅力，这些冲击不正是想象所带来的巨大影响吗？

心理学将想象分为不随意想象和随意想象。不随意想象，指的是没有预定目的的、不自觉而产生的想象。

公司所有部门高管人员正在会议室开会，突然门外传来一声惊呼声，所有人都不知道外面发生了什么事，但正在开会，所以不可能出去一探究竟，但人们并不会因此而一如之前地专心于会议内容，人们头脑中想的是外面发生了什么事，是不是有人摔倒了，是不是总裁来了……

这便是人们因为受到突然出现的外界刺激，而引发的不自觉的想象。

而随意想象，则是有预定目的、自觉进行的想象，是意识活动的一种形式。

食物，尤其是美食可以诱发人们对美味的想象，有时当人们听到某一食物时，便开始了对这一美味的向往。酿豆腐的由来便是如此。

几百年来，饺子是北方人逢年过节的佳品，深受人们的喜爱，并已经成为了习俗。客家人自中原南迁广东之后，因南方以大米为主食，缺少面粉，便很难再吃到饺子。

但对饺子的喜爱诱发了他们的想象。他们开始因地制宜、就地取材，用旱地所种植的黄豆制成豆腐，以猪肉和蔬菜等混合而成为馅料，然后以豆腐为面皮，切成长方形对角形的两块，再用筷子在每块豆腐中间挖个小洞，再把肉馅嵌入洞中，便成了酿豆腐的形状，最后蒸熟即可食用。就这样，客家人用自己的创造性解决了吃饺子的问题。

从饺子到酿豆腐的出现，是人们自觉进行的由再造性想象到实践落实的一种活动，并且是在以往经验的基础上想象出来的。

想象，是在某一刺激的基础上以直观形式呈现出人们头脑中的具体形象的过程，并且其形式是一对多，即一个信息诱发出多个信息。

作为刺激信息的加工方法之一，想象可能让我们的沟通更顺畅、更简单，因为我们已经由这一信息而“得到”了更多信息；但也可能让我们的沟通趋向于负面的、消极的方向发展，因为想象也可能是不切实际的乱想、幻想，因此对信息的想象化加工，要有所区分。

第4章

# 同一说法，不同反应：解释偏差

对刺激信息，有所加工，便有所解释。你将怎么解释，必然会影响对方的反应。可能同样的解释，能带来预期的反应，也可能出现偏差，导致反应大不相同。

学心理，用心理

人们对所接受的信息出现了反应偏差，漏掉了对某些信息的加工和解释。

当没有某种信号出现时，人们却报告出“有”，则“虚报”出现了，这同样会引发解释偏差。

信息被人们改变，自然会造成原本效果的减弱，这样的沟通是无效，甚至失败的。

如果不清楚、不确定所接受的信息，那么确认一遍效果会更好。

# 传递衰减

## 话一出口，意思大变

《圣经》中有这样的一个故事：远古时候，人类想建造一座通天的“巴别塔”，但上帝并不想让人类到达天庭，于是在人类快要完成的时候，上帝设法让人们开始说不同的语言，这样最终造成的是人类之间的沟通变得更加困难，而没有良好的沟通，通天之梦也就变成了幻想。

现在，不同地方的人们说着不同的语言。因语言而带来的沟通上的困难，最明显的表现便是解释、理解上的偏差。这种差异、偏差不仅表现在不同种类的语言之中，还在同一种类语言的交流沟通中存在着。

某房地产老总准备近期内拜访一些投资客户，于是吩咐秘书张珂去超市买些营养品，预算是1000元以内，同时考虑一下社会评价。对此张珂有一点疑问：这个社会评价是什么标准，但恰巧老总有电话打进来，便让张珂去办了。于是张珂的解释是，只要控制在1000元以内的品牌就可以，毕竟品牌的评价一般不错。

于是，张珂来到超市，对比了所有厂家的营养品的外观、功效和品牌，甚至还咨询了营业员，最终按照预算买了包装精美、最贵的一款，很有成就感的张珂便拎着成果回来了。

但结果是，老总直接批了张珂一顿，原因是该品牌的这一系列是新出的，社会上还没有明显确定的反响，这让客户看了会认为我们做事不稳重，应该买 ×× 才是。这让张珂满是委屈，原来自己自以为是地简化了老总的意思。

张珂根据自己的解释购买了营养品，结果却受到老总的批评，原因是她按照自己的理解解释了老总所说的社会评价。张珂的失误，所反映的正是心理物理学中信号检测论的漏报原理。

信号检测论，是关于人们在不确定的情况下如何做出决定的理论。它是信息论的一个重要分支，在相关实验中通常把刺激变量称为信号，把刺激中的随机物理变化或感知处理信息中的随机变化看作是噪声。这一理论应用到心理学中，信号指的便是刺激，噪声即是信号所伴随的背景。

而漏报所指的情况是：当有信号出现时，人们却报告为“无”。也就是说，人们对所接受的信息出现了反应偏差，漏掉了对某些信息的加工和解释——有的却没有做、没有说或者没有意识到，这对沟通效果的影响是——也只能是负面的。因此，案例中的张珂便出现了解释偏差。

这是让人们容易出现偏差的一种原理，除此之外，当没有某种信号出现（只有相关的背景）时，人们却报告出“有”，也就是信号检测论的另一原理“虚报”出现时，同样会引发解释偏差。

一日，销售部总经理和各销售组组长开了一次会，会议的主要内容是让各组长向组员讲解公司的各项福利制度，以增加员工的销售绩效。其中最重要的是增加了一项新的福利：当员工本月销售额超过上月的30%时，其基本工资将增加100元，也就是说，当员工每次达到这个目标时，便可以多拿100元。

杨斌便是组长之一，当他把这一信息告诉大家时，他说：“为了激发大家的工作热情和动力，公司提高了一项福利政策，即当你们本月销售额超过上月的30%时，基本工资将增加100元，逐月累加。”听到这一消息的组员非常高兴。

两个月后，有一个组员连续两个月均实现了目标，但在第二次领工资时发现，仍然和第一次一样多，并不是累加的，这让他有些疑惑。于是，他找经理反映，经理说，福利政策很清楚地规定，是当月工资增加100元，并不是累加。但是，这位组员却说，组长并不是这样说的，所以……

很明显，在这个案例中，销售组组长所犯的错误便是虚报——在向组员传达福利政策时，虚报出了“逐月累加”这一原本没有的信息。

人们这样传递信息——或者添加本不存在的信息，或者漏掉本来存在的信息——所带来的是信息意思的大变，原本信息要传递的效果自然大大减弱，这样的沟通是无效的，甚至是失败的。

那么，问题便出来了，人们应该如何来实现预期的沟通效果呢？按照信号检测论的原理，我们所需要的正是对信息的“击中”和“正确否定”。也就是说，当信号出现时，我们正确反应为“有”；当无信号或者不是信号时，我们直接报告为“无”，直接否定掉无关信号。

如果用另一句话来解释的话，就是我们应该对信息做到正确的确认——确认信息所包含的真正内容，比如简单地重复一下对方的话以示确定，这样便可以帮助我们做出正确的理解和解释，因为这样得到的是一个强的、清晰的信号，而一个强的、清晰的信号往往比一个弱的、模糊的信号更容易被探测到，从而做出更好的解释和反应。

**学心理，用心理**

错觉，是一种你想躲却躲不掉的错误。

有时，我们的感觉并不是真实的，不要被此所误导。

当你看镜子里的自己时，你越看越觉得好看、有魅力。

当一种光环笼罩着你时，说你好，你会更好；说你坏，你会尤其的坏。

错觉，并非完全是负面的影响，也能被利用与人们来个愉悦的沟通。

# 感知错觉

## 有时候，感觉也会犯错

有这样的一个问题：一公斤铁块和一公斤棉花哪个重？如果你不假思索地回答：当然是铁块重。很显然，你陷入了错觉的圈套。

我们透过感觉来感知外界，感觉告诉我们外界如何，感觉告诉我们大脑所接收的信息是什么，然后才有了我们的反应。但因为错觉——同样是一种感觉，让我们的解释出现了偏差，随后的沟通也自然出现了偏差。

错觉，是一种不符合客观实际的知觉，是人们把实际存在的客观事物歪曲地感知为与实际不相符的事物。比如下面的图片。

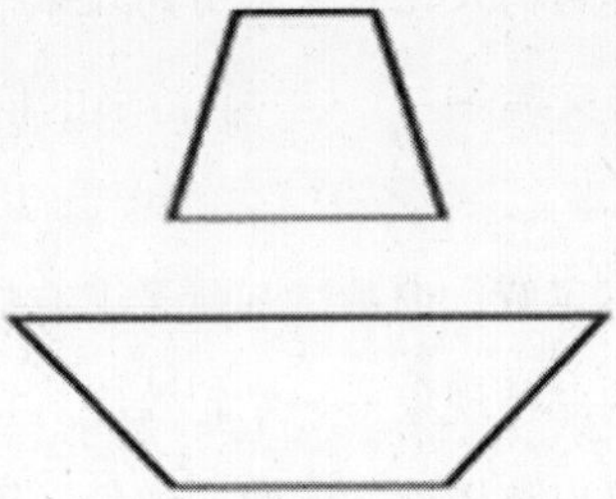

（1）

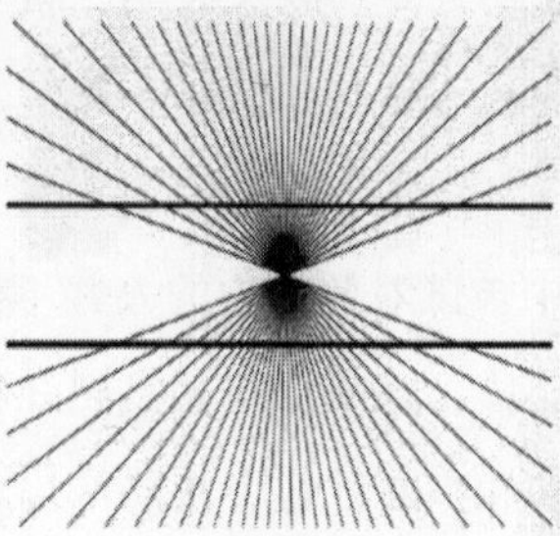

（2）

那么，在图片（1）中，灰色的两条线段哪个长？在图片（2）中，中间的两条线是弯曲的还是平行的？

很多情况下，经过视觉上的观察，人们做出的反应是：下面的梯形中的线段更长；另外一图中的两条线是弯曲的。除非让人们拿尺子量，可能才会发现原来两条线段长度相等，或者原来两条线之间的距离相等，即平行。

所以，有时我们的感觉也会出错。

以盲人摸象为例，因为看不见，所以盲人很多情况下使用触觉来和外界进行沟通。在故事中，第一个盲人摸到了大象的牙齿，便认为大象就像一个又大又粗的大萝卜。第二个人摸到的是耳朵，便反驳道："大象明明是一把大蒲扇嘛。"而第三个人却大叫道："你们净瞎说，大象只是根大柱子。"最后，第四个人嘟囔道："大象哪有你们说的那样，它只不过是一根草绳。"四个盲人谁也不让谁，而事实却是他们均犯了错误——被错觉所利用，只不过这是一种触觉上的错觉。

错觉，又可以称为错误知觉，以各种形式出现，让人们的反应出错，从而也使随后的解释出错。心理学家戴斯做过一个相关研究。

戴斯让被试看一些照片，照片中的人物有的很有魅力，有的无魅力，有的属于中等、无特殊之处。等到被试认同之后，让被试做一些无关魅力与否的评定。结果表明，被试对有魅力的人比对无魅力的人赋予了更多理想的人格特征，如和蔼、沉着、好交际等。

实验中被试对照片中的人并不熟悉也不了解，但被试却赋予了有魅力的人更多的理想品质，这所反映的是感知错觉中的一种现象——晕轮效应。意思是说，人们的认知和判断往往会从局部出发，并得出整体性的印象或评价。正如当一个人被评价为好的时，他就会被一系列的积极肯定的光环所笼罩；而如果一个人被评价为坏人，那么他便会被各种消极、否定的因素所覆盖。而事实上，这只不过是被扩大化的错觉结果而已。

俄国著名作家普希金便尝到了晕轮效应的痛苦。普希金非常狂热地爱上了“莫斯科第一美人”娜坦丽，并和她结了婚。在普希金眼中，一个漂亮的女人肯定同时拥有着非凡的智慧和高贵的品格，然而事实却大相径庭。结婚后普希金发现，尽管娜坦丽容貌惊人，但与自己却志不同道不合。当普希金把写好的诗念给她听时，她却捂着耳朵说道：“不要听！不要听！”相反，却总是让普希金陪她玩乐，最终甚至让普希金丢掉了生命。

这是晕轮效应影响下的感知错觉，给人们的警示是不要根据自己认为的好恶做出自己的判断，而应从客观的事实出发。

但是，并不是说感知错觉对人们的沟通产生的完全是负面的影响。有时，利用这种“错”，也能促进彼此之间的沟通。

玛丽路过一家灯具商店，从门外她看到商店的房顶悬挂着各式各样的灯具，并且连成一片，非常漂亮，这种吸引让她不自觉地走了进去。进去之后，她发现这个商店原本并不大，但店老板很聪明，在房间的四面墙壁上都镶上了镜子，从而使整个房间的空间增加了一倍，灯具也增加了一半，这样让顾客产生的感觉是没有压抑感，而正是这种错觉效果吸引了大量的顾客。

这利用的便是人们的空间错觉，对于商业经营者来说，在一定程度上降低了经营成本，不得不说是一种妙用。

“错”——因人而不同。因为错觉，让我们的沟通偏离了正常的反应渠道，能在沟通进行中意识到这一点，并随之自然而然地回到正常轨道上，也可以说是“因错，利用错”，沟通的效果才可以比预期的好。

**学心理，用心理**

刻意不记得，是我们想忘记的部分，也是我们出现偏差的地方。

并不是每一个信息都得到有效记忆，只有那些与人们的兴趣、需要和追求相一致的信息，才能得到充分记忆甚至永久记忆。

我们清楚自己的优点，而对缺点却想改掉或忘掉，这也是一种选择性记忆。

# 选择性记忆

## 断章取义的心理根源

通常情况下，一个人犯了错，除了有内疚感，还会有不想面对、不想被再次提起的心理。若为记忆层面，人们同样会这样处理错误——刻意不记得。这样的记忆方式，在沟通交谈中的体现很可能是断章取义——只对自己已记忆的部分有所反应，而自动忽略了不想记忆或者已忘掉的部分。

曾经有40名心理学家聚集在西德（原联邦德国）的某一村镇开会，突然有一个人呼叫着冲进了会议室，随后又一个手持短枪的黑人追了进来，并且两个人还在屋里搏斗了起来，在场的每个心理学家目瞪口呆，一声枪响后，这两个“意外者”跑了出去。这种情景只延续了20秒，但给心理学家们的印象非常深刻。

接着，会议主持者宣布：“各位请不要惊慌，这两个人是工作人员假扮的，是一次实验，现在请所有人员写下这段情景。”

结果，从所写的内容来看，与会者对这一事件的回忆产生了十分惊人的错误。比如，手持短枪的黑人本来是光头，穿着黑色短衫，但只有4个人如此描述，而其余的人或说其戴着便帽，或说其戴的是高帽；还有人把短衫的颜色说错了。总体来说，这40名心理学家被试中，只有一人的回忆错误少于20%，其他人的回忆错误均在20%到50%之间。

这样的结果让心理学家发现，那些能强烈激起人们情绪的事物，那些能引起人们关注的事物，会给人们留下深刻的印象，即被个体记了下来。但是，其间的错误，却说明的是人们选择性记忆的存在。

选择性记忆，是对刺激信息的一种取舍，是人们往往只记忆对自己有利的信息，或者只记自己愿意记的信息，而忽略或遗忘了其余的信息。正如上面的实验一样，这种片面的记忆方式会让人们的反应出现错误。

心理学研究发现，人们的大脑每秒钟接受的信息大概为10个以上，但并不是每一个信息都得到了有效记忆，只有那些与人们的兴趣、需要和追求相一致的信息，才能得到充分记忆甚至永久记忆。相反，那些不一致的信息则会自动被人们过滤掉。

在“文革”时期，很多知识分子——如大学、中学教师——被划为了“牛鬼蛇神”分子，并且很多人在劳改时被强迫唱这样的“牛鬼蛇神”歌。当“文革”的历史过去之后，这些知识分子也被平反了，很多人再次回到了工作岗位上。

当询问这些教师还记得当时的“牛鬼蛇神”歌吗？曾有学者调查发现，几乎所有的人的回答是只记得开头的两句，至于后面是什么，想不起来了。

但是，这位学者询问当时的学生——无关人员时，他们却回忆出了完整的歌词。这让学者疑惑了：为什么当时的被批判分子丝毫不记得，而没有唱过的学生却记得这么清楚？

这不正是人们的选择性记忆吗？对于曾经遭受过的痛苦的经历，人们选择了刻意遗忘，不被大脑所保存，而在被再次提及的沟通中，人们选择了不反应。

这背后的原因，我们可以这样理解，当人们接受某种刺激信息时，其中很可能包含着人们记忆深处的某一痛点（曾经受过的痛苦的经历），人们则会自动选择"不记得、不存在"来反应。所以这样的反应有利于个体避免再次感受这种曾经的痛苦，但这种反应无疑是有偏差的、不真实的。

不仅如此，与人们的以往记忆无关，人们现在所从事的、所感兴趣的事情会自动吸引人们的注意，并加以记忆。

宋斌是一个有10年驾龄的公交司机，他对自己的公交线路及其周围的人、事、物非常熟悉，用他自己的话来说就是："我和这些沿途的事物有了一种默契，每天似乎都在进行着沟通，我会看到他们的变化，他们也会感应到我的所在。"

在开车的途中，经常有人问宋斌去哪怎么走，即使是离本线路比较远的地方，他也能回答个差不多。但除此之外的信息——比如，这附近有一个棋艺特好的师傅，你听说过吗？我想去学学，您知道具体在哪吗？——便使他很难回答得出来。

宋斌难以回答，是因为他的关注点在与交通相关的路线上，而即使他偶然间看到过其他的信息，他的大脑也不会对其有所记忆。

正如我们比较容易记住自己的优点，而难以记住自己的缺点一样，选择性记忆让我们对信息刺激的反应因记忆角度不同而不同。因此我们与他人的沟通，应尽量减少选择性记忆的影响，尽可能地对更多的信息做出反应。

# 首因效应

## 有时，沟通效果只需要三分钟

**学心理，用心理**

最初的 45 秒钟就可以决定你在对方心中的印象。

在这短暂的时间内，人们建立了对彼此的认识，而所依据的仅仅是不全面的、片面的有限的资料。

暂时保留一下你的态度，也许随后你会发现完全相反的东西。

接下来是首因效应对沟通双方反应的影响。

有时和一个人沟通，你可能听到对方说的第一句话，便不想再听下去；而有时，你也可能听了对方的第一句话，便迫不及待地追寻下文。

前后截然相反的反应，便是首因效应的影响。

首因效应，顾名思义当然是第一因素对沟通个体所产生的影响。心理学的解释是：人与人第一次交往时所留下的印象，并在彼此头脑中占据着主导地位的效应，是对最先输入的信息的一种主观反应。

受首因效应的影响，在日常沟通中，最开始的 3 分钟便已经能决定一次沟通的效果，并且其中最为重要的是最初的 45 秒钟。因此，在这短暂的时间内，人们建立了对彼此的认识，而所依据的仅仅是不全面的、片面的有限的资料。

1975 年，美国心理学家卢钦斯用实验证明了首因效应的存在。

卢钦斯向被试呈现一个主人公的两篇日记，第一篇日记中所描写的主人公是一个热情、外向的男孩；第二篇日记中描述的主人公却是冷漠、内向的人。在试验中，两组被试看到这两篇日记的顺序并不相同，第一组是先看到的是第一篇，然后是第二篇，第二组正好相反。

看完之后，卢钦斯让被试对该主人公进行评价。结果发现，第一组的人有78%的人认为该主人公是友好的，但第二组持有同感的人仅有18%。差别如此明显。

很明显，实验中被试仅仅根据首先看到的日记便做出了判断，其间第一印象的决定性意义如此明显。这在很大程度上凸显了人们认识的主观性及不正确性。

在和他人沟通时，因为首因效应，所附带的是自己主观上的判断，这样很可能让自己的反应出现偏差，比如因为对方印象不好，而做出不客观的判断、决定。

一次应聘，长相有些斯文的硕士崔凯（男）和一位身强力壮的本科学弟陈强一起面试一家公司。两个人在学历一栏都填的是“本科”。接待他们的是一位主管。这位主管看完资料后，便开始询问两个人问题，但几乎所有的问题都是针对陈强的，而崔凯就像空气一样被晾在了那儿。

结果，几个问题之后，陈强便被该公司录用了，而崔凯不知缘由地被排除掉了。崔凯很不服气，便找这位主管询问原因。该主管的解释是：“你的体格偏弱，会影响大家的工作效率。”崔凯继续问什么意思，主管说：“我们想要一个身强力壮的人，而不是看起来像文弱书生的人。”后来即使崔凯拿出了硕士证，对方也不予录用，坚持“非强壮不用”，这让崔凯不明白的是：我们应聘的是电脑软件设计，又不是搬运电脑，为什么一定是体格强壮的呢？更重要的是，崔凯只不过看起来斯文而已，其实他还是跆拳道高手呢。

以上便是首因效应对沟通所产生的不利影响。那么对我们来说，是不是这种效应的不利影响是不可避免的呢？不一定。

有一位博士，已经过了面试公司的初试，今天将要参加最后一次总裁面试。但是他是这样出场的：本来是第一个，结果却临到结束才出现；

而赶来的他满头大汗，头发蓬松凌乱，衣服也是皱巴巴。当该公司总裁见到他后，不仅上下打量了他一下，而且非常疑惑地问道："你是博士毕业？"对此，博士非常尴尬地点了点头。接着，总裁强忍住自己的否定感觉，向他提出了专业性很强的问题，对此，博士回答得有理有据。

最后，总裁决定保留自己的意见，抱着试试看的心态录用了博士。半年后，这位博士的确很出色，并深得公司的器重。后来这位总裁也暗自庆幸自己当时没有凭一时感觉做出错误的决策。

即使在沟通时首因效应不可避免，但是如果能暂时性地保留态度，那么随后的事实可能会让你改变最初的态度。

当各种信息结合在一起的时候，人们往往会重视前面的信息，即使同样重视了后面的信息，但人们习惯于侧重先出现的信息，而偏差不可避免。不过，后出现的信息有时也能颠覆先出现的信息，这便是近因效应的影响。

学心理，用心理

如果你很久没有见过某一朋友了，那么你首先映入头脑的是最后一次见他时的情景，然后才是其他。

最近发生的一切，能影响你对对方之前的所有评价。

一竿子打翻一船人，的确让人不可接受，但这却是人们的一种经常的反应倾向。

对信息，每个人都有自己的体验，而我们需要注意的是沟通并不简简单单地由印象决定，它更多的是主观判断和客观事实的综合。

# 近因效应

## 最近的一切能影响以往的所有评价

如果说首因效应影响的是人与人、人与物之间的第一次沟通的效果，并同时影响以后有无持续沟通的可能，那么近因效应则影响的是相识已久的各种关系的沟通。

心理学认为，近因效应，即人们对一系列事物的末尾部分项目的记忆效果优于中间部分项目的现象。卢钦斯同样用实验证明了它的存在。

和证明首因效应所用的材料相同，不同的是呈现材料的方式，即当被试分别看完第一篇日记时——所看的日记的性质相反，然后暂停，插入其他的作业，比如做一些数学运算、听历史故事等完全不相干的事，然后再开始让被试分别阅读第二篇日记。

实验结果发现，近因效应出现了——两个组的被试均对第二篇日记留下深刻印象，并依次做出了判断。

一个插入的事件，对个体造成了干扰，从而影响了最终的反应。如果把这一效应放到我们的沟通情境中，很可能最近所发生的一切能影响到我们以往的所有评价。

在国内的商界领域，存在着各行各业的“领头人”，比如数码电脑产品中的苹果、戴尔；乳制品行业的伊利、蒙牛；肉制品中的双汇、雨润等，这些品牌在人们心中的地位是相当有分量的。然而，一旦有任何负面信息——牛奶中的三聚氰胺事件、猪肉中的瘦肉精事件等，人们则立刻会闻风丧胆——怀疑自己经常喝的牛奶会不会也存在问题、努力回想自己最近一次是否购买过该品牌的产品，等等。所有这些事件的发生，让人们顷刻间改变了对该品牌的信任度，甚至是彻底否定。

人们这样的反应，或许有些“一竿子打翻一船人”的夸大化，但的的确确反映的是近因效应的影响——至少让人们否定了之前所形成的某种印象，这是人们与日常生活用品的一次沟通，更是日积月累的印象沟通。

不仅人们与各种事物之间的沟通如此，而且沟通的主体——人与人之间更不例外。

一位男士，是一家公司刚入职的工程师，下周要和领导到下属公司考察，领导对他说要穿得正式一些。于是，这位男士准备为自己买一套西服。

当他在一件衣服面前停留时，导购便主动走来说道：“先生，您很有品味，这款是本店的最新款式，并且与您的气质非常吻合。”男士没有回应，看了一下价签，顿消购买的欲望，而导购接着说：“是的，这款衣服价格是有点高，但的确有它的价值，款式新颖，面料也是法国进口的，是专为像您这样的绅士设计的，如果您能接受将锦上添花。您不妨试穿一下。”男士心想试试也无妨，于是便试了试，结果感觉的确不错，也自然买下了。

导购与男士之间的沟通看起来并没有什么特别之处，但如果和下面的例子——同样是衣服的销售——相比较，你的反应可能完全相反。

男士同样看到了一件价格不菲的衣服，导购的销售之语是这样说的：“先生，这件衣服的款式非常新颖，面料也是来自法国的，正是为您这样的很绅士的人设计的，不过价格是有点高，您可以先试试。”听到这些话后的男士，多数不想再试穿。

因此，前后的差别即是：先提到衣服的品质然后价格高，还是先提到价格高然后是品质的不同。这看起来似乎没有什么不同，但人们对接收到的信息的反应，会受到先后顺序的影响，而在这里，很明显，后提到的信息起到了决定性的影响——男士已经看到了价格的不菲之处，那么如何消除这一印象的影响？便是先顺着男士的反应来说，然后引导转入其他方面——近因效应便发挥作用了。

近因效应让我们关注最近、最新的信息，这在一定程度上反映了我们对眼前、当下信息的敏感性，但仅以此便做出重新判断、定论，有时难免过于草率——这一点和首因效应一样。

所以，无论是首因效应还是近因效应，每个人都有切身的体验；而我们需要注意的是，沟通并不简简单单地由印象决定的，它更多的是主观判断和客观事实的综合。

**学心理，用心理**

刻板印象，有一定的合理性和可信度，可以简化人们的认知过程，可以让人们迅速做出判断，并增强对彼此沟通的适应性。

刻板印象容易使人的认识僵化、保守，并带着僵化的观念来看待事物，最终破坏和阻碍沟通的效果。

刻板印象更多的是让我们带着有色眼镜来看人待物，这必然失去了真实性。

尽管印象形成后很难改变，但我们仍应主动尝试改变认识，抱着也许对方没错的态度来避免刻板印象。

# 刻板印象

## 戴眼镜的人都聪明吗？

面对一个陌生人，我们首次和他交谈，对有关他的一切信息一无所知，我们会从他自身透露的信息来了解对方。比如，对方说“我是上海人”，这时你脑中出现的反应是：“原来是上海人啊，听说上海人很精明又小气，总是有那种自以为是的高高在上的姿态。”但是，碍于彼此刚认识，你并不确定，你最终的反应是：“上海人啊，从大城市来的，一定懂很多有趣的事吧。”

就这样，隐藏着自己真实的想法，带有“阳奉阴违”式的交谈继续着。

对于刚认识的一个人，我们不了解对方是正常的，然而一旦知道对方的某一信息，人们便会把自己已知的关于此信息的内容加到这个人头上，这便是刻板印象。

刻板印象这一术语最初是利伯曼（Lippman）在其著作《公众舆论》中提出的，指的是人们倾向于按照某种标准来进行分类，形成关于某类人或物的固定印象。

很多人看着那些戴眼镜的人便认为对方一定是位学者，一定很聪明；还有些人认为法国人浪漫、美国人独立、英国人绅士；更有甚者认为每一个地方的交通规则是一样的——汽车总是靠右走等。

刻板印象，让人们自动对人或物进行了类别化处理。这种类别化处理的方式，有一定的合理性和可信度，因为可以简化人们的认知过程，可以让人们迅速做出判断，并增强对彼此沟通的适应性。但其不利的一面也存在，甚至是弊大于利，这也是我们讨论的重点。

以媒介报道为例，美国学者20世纪50年代研究过黑人在电视中的形象。当时的种族歧视非常严重，研究发现：一、黑人在电视中出现的比例极小，只占2%；二、黑人在电视中即使出现，也显现的是在从事非常卑微低下的工作。

而经过民权运动，到了七八十年代，黑人在电视（包括黄金时间段）中出现的比例大大增加了，并且职业也有了很大的变化，但很少与白人一同出现在电视中。

人生而平等，本无高低贵贱之分，然而不知从何起，人们被画上了某些“不平等”的符号，并且即使这种符号抹去之后，人们依然依此行事，这些正是刻板印象的顽固性所在，最终引发的可能是更大规模的革命，如黑人马丁·路德·金领导的抵抗运动。

所以，刻板印象容易使人们的认识僵化、保守，容易带着僵化的观念来看待事物，并会阻碍人们用发展的眼光看待事情，最终成了戴着有色眼镜的人。

问题是，这种刻板印象为什么如此根深蒂固，严重影响着人们的反应？也许以下四方面的解释可以帮助我们有所理解。

**1. 人们习惯于把自己周围的人自动划分为“我们”和“他们”**

人们的群体生活特性，让我们或者属于这一群体或者属于另一群体，这使个体非常重视自己所从属的内部群体，而相应地轻视外部群体。

一个此方面的例子是，在当前的北爱尔兰居民中，信仰天主教和基督新教的居民长期存在着不和，这一不和甚至引发到了新来的居民身上——新来的居民很快被划成某一方的成员，不可能独立于两者之外，随后人们便会把某些态度和行为归于新来的居民身上——你应该怎样，不应该怎样。

### 2. 童年早期的习得性结果

在童年时期，人们的各种观念、认识一般是从父母、同伴以及其他强有力的社会影响力下得到的。这个过程，是不断被感染、学习而形成的。比如，父母告诉孩子不要和某某家孩子玩，他爸妈那么小气——这其实是父母刻板印象的延续。

### 3. 一旦形成某种刻板印象，人们便容易对适合它的信息给予更多的注意

人们有这样的心理倾向：如果某个人或者群体有某种特点，那么随后便能发现更多符合这一特点的信息。人们这样的心理，除了想证明对方的确如此之外，还可能是为了与自己的反应、解释一致。

### 4. 不同社会群体之间的竞争引发了刻板印象

当人们所需要的、所缺少的东西而别人正拥有时，如某个职位、某次教育机会或某件家具，人们的刻板印象甚至升级为刻板偏见便会加剧。比如，在英国曾调查发现，当地的失业白人存在着仇视有职业的外来群体的情绪，因为他们认为正是这些外来群体的到来加剧了竞争，加剧了他们的不幸。

物以类聚，人以群分。刻板印象让人们以类别来区分各种人、事、物，并且其更多的影响是弊大于利，这让沟通双方的关系陷入某种不利之中，而反应也被扭曲化。因此，尽管刻板印象一旦形成很难改变，但我们仍应主动尝试去改变认识，抱着也许对方没错的态度来避免刻板印象。

学心理，用心理

沟通效果不好，在很大程度上，人们的反应并不是以公平、客观的态度解释，而是显然的偏差反应。

有冲突的沟通，是因为人们对自利性因素进行了评判，然后以自利为出发点，做出了有偏差的反应。

沟通必然是和他人沟通，如果他人总是充当着你不幸的原因，那么沟通会仅止于此，不会有良好的发展。

# 自利性偏差

## 他人总是我们不幸的原因？

人与人之间的沟通，不可能每一次都达到完美的效果，可能沟通很一般，可能双方达成了共识，非常完美，也可能彻底决裂。当不好的沟通效果成为事实的时候，人们是如何来为这失败的沟通进行解释的呢？

不少情况下，人们会认为对方——他人，是造成这次沟通失败的原因。

当你驾车行驶在立交桥上时，明明按着路标指示走的，却在下一个指标出现时发现走错了，你非常生气地说了一句：“设计的是什么路标啊，那么不明显，不走错才怪呢。”

当你乘坐公交车时，由于工作了一天很累，你打起盹来，过了一会儿你猛然间醒来，问售票员：“到 ×× 了吗？”售票员无可奈何地说：“早就过去了。”你顿时站起来：“你们怎么能这样，怎么不报站呢？”售票员也稍为生气地说：“报站了，只是你没听见而已。”

生活中的我们，也许和案例中的人们一样——当出现某种错误、失误时，他人成了我们最好的解释。心理学认为，这反映的是人们的一种自利性偏差。意思是说，当需要对成功或失败做出归因解释时，人们常常从对自己有利的一面来判断——如果成功，则是自己的原因；而如果失败，则归结于他人或外在环境的现象。

心理学家戴维·迈尔斯在一项针对美国82.9万个高年级学生的调查中发现，没有人在“与人相处能力”这一带有主观性和赞许性的维度上对自己的评分低于平均值。让人不可思议的是，有60%的人的自评处于比较好的10%之内，另外有25%的人认为自己是那最优秀的1%。

从客观上来说，很少有人在与人相处时不遇到问题，也存在着不会与人和谐相处的人，但像调查中的结果一样，其间的自利性偏差略见一斑。

巴布科克等曾做了一项模拟诉讼的实验。实验中向被试提供相关的材料——证词、验伤报告和口供等，材料的内容是一辆汽车和摩托车相撞的过程。然后，被试分成两组，分别扮演原告和被告的角色，并要求就此事尽量达成协议。如果不能达成协议，则要支付数额可观的罚金。

另外，被告支付多少赔偿金是由法官决定的，被试所要做的是谈判前要预测法官的裁决，并且预测不会被泄露给对方，也不会影响法官的裁判（结果已经做出）。

结果发现，原告所预测的数额远远高于被告，并且彼此的差异程度非常影响能否解决此问题（如果忽略法官的裁决）。

仅仅因角色的不同，便让被试做出了有利于自己的选择——原告作为受害者，自然希望得到更多的赔偿。在很大程度上，人们的反应并不是以公平、客观为基础，而是显然的偏差反应。

不仅简单的日常生活中如此，就连一个国家对一些行为的解释也同样这般反应。

时间回到2002年，美国时任总统布什指责伊拉克存有大规模杀伤性武器。

2003年3月17日，布什以推翻萨达姆父子的统治，解救伊拉克民众为由，开始攻打伊拉克，并自诩为这是一场道义战争。

2003 年 5 月，布什乐观地宣布伊拉克主要战事胜利结束，但这场战争让他没有想到的是竟然又延续了 7 年多。

这 7 年，给美国带来的是不断增加的伤亡人员、像无底洞一样的军费支出，伊拉克人民也并没有走向稳定而却依然是糟糕透顶……

所有这些让美国民意发生了变化：普遍开始认同结束伊拉克战争，这是一个不该开始的错误。

2009 年，新任总统奥巴马表示，美国对伊拉克未来的承诺没有结束，并督促伊拉克各政治派别尽快完成新政府的组阁谈判。

一场没有胜利的战争——这是总统奥巴马对此次战争的最后评价，但美国同时也没有承认自己的失败，媒体称这种说法是美国的一种"承认失败的体面方式"。

在这场战争中，从始至终美国发动战争的所谓理由，其实更多的是在为自己的行为做自利性偏差式的解释，即使战争的结局是失败也不例外。

汤普森和罗文斯坦发现，冲突——无论是哪种情境——因为自利，会让双方对任何可利用的信息的关注而产生偏差，并进而影响到双方对公平反应的知觉。因此，对方——他人便成了我们不幸的原因。

其实，人们若能面对自己的解释偏差错误，可能结果反而会更好，因为这样不会导致沟通的恶性循环，并能使错误止于此。

**学心理，用心理**

不必要的报酬，带来的是隐形的代价，比如让你丢掉了一开始的兴趣。

内外不一致，让人们感觉不舒服，因此不如从一开始让内在理由引导彼此的沟通。

# 过度合理化

## 与最初大相径庭的结果

每个人都试图为自己的行为寻找合理性的解释，一旦找到了，人们便很少再继续找下去。重要的是，人们所显现出来的倾向是先从他人等外在原因找起，便认为的确如此。问题是，为什么人们忽略了自己的内部原因，这可能才是原因的真正所在。

心理学家费斯廷格和其学生卡尔·史密斯设计了一个非常著名的实验。他们让被试做两项极为无聊的工作：第一项工作是解开或绕线，第二项工作是在木板上摆弄48根小木棍，每项工作进行30分钟。之后告诉被试说，这项研究的真正目的是想验证完成该工作的绩效如何受他人预先对此工作评价的影响。实验者还跟被试说由于人手不够，希望被试能够提供帮助，具体任务就是告诉下一个进来的人这项工作很有意思——也就是让被试撒谎。被试分成三种情况，一是没有任何报酬，二是给1美元的报酬，三是给20美元的报酬。实验结束后主试询问被试对这些任务的喜欢程度。

实验结果是，那些得到1美元的被试比得到20美元的被试，更倾向于相信他们的谎言并认为实验真的很有趣。

事实上，这个实验内容非常无聊，但为什么被试的反应差别这么大？原因在于，得到20美元的被试用“得到高的报酬”——这一外在原因来解释自己的撒谎行为，使行为有了合理化的解释；而1美元太少，不足以成为被试撒谎的正当理由，于是为了让自己的行为显现出合理性，他们便把撒谎归结于自己的内因——真正相信这项实验有趣。

于是，与实际大相径庭的结果出现了，即过度合理化效应出现了。

所谓过度合理化效应，指的是一些不必要的报酬有时会带来一些隐形的代价。这些隐形的代价，让人们对自己行为的解释出现偏差，比如自己的兴趣所在被外部原因所替代。

一个著名的民间故事便非常形象地证明了这一效应。一位退休老人在一座小镇静养，但让他烦恼的是，附近住着一群十分顽皮的孩子，他们整天互相追逐打闹。这让他无法入睡，在屡禁不止的情况下，他想出了一个办法。

这天，他把孩子们都叫到一起，说他喜欢听小孩子的吵闹声，并告诉孩子们如果他们在他家附近吵闹，他就会给每人50美分，孩子们非常高兴地答应了。

第二天下午这群孩子“如约而至”，并且玩得比以往更放肆。这位老人就给了他们钱并许诺下次来还有报酬。第三天他们又来了，大肆庆祝，而这个老人又给了他们钱，这次是25美分。第四天孩子们仅得到了15美分，老人解释说他那干瘪的钱包已经快被掏光了，并请求尽管这样，仍希望他们明天还能以10美分的价格来玩。

结果，这些孩子们认为受到了不公正的待遇。他们说，这样得不偿失，因为在他房子前玩整整一个下午才只有10美分。于是再也不去老人所住的房子附近大声吵闹了。

孩子们在老人家附近吵闹，最初源于他们的兴趣、喜欢；而当老人以“报酬”要求孩子们来玩时，孩子们渐渐改变了对自己行为的解释，于是不相称的报酬控制了孩子们的行为动力，过度合理化效应再次产生。

在沟通情境中，当我们以某些“正当理由”做某一件事时，随着事情的发展，这个最初的“正当理由”可能变得不成立了——或者被外界因素所改变，或者自己发现错了，但是人们一般并不想承认这个“改变”。因此更多的人会选择让其更加一致，这便是人们的过度合理化下的理由，偏差变得理所当然。

这样一来，只有人们自己知道某些事情已经发生了性质上的变化，这种感觉带给人们的更多的是不舒服。因此，如果人们的行为最初有一个很好的内在理由，那么从此出发坚持到底而不是被过多的外在因素所缠绕，或许会让沟通更畅通。

学心理，用心理

沟通的背景——情境不是一成不变的，不一样的情境需要不一样的反应，而不是雷同。

情境需要话题来点缀，缺少话题，即使情境再好也没什么作用。

找到共同的情境，能让双方因“共同”而产生亲近、熟悉的感觉。

心理共同点不容易发现，但一旦找到则非常有利。

# 情境影响

## 交流的情境依赖

沟通必然是人与人在一定的情境中发生的，如果不把他人作为沟通不善的原因解释，则很可能和情境脱不了关系。

情境，从广义来说，是指影响个体行为的变化（产生行为或改变行为）的各种刺激（包括物理的或心理的）所构成的特殊情境（教育心理学家张春兴）。生活在社会中的人们，各种观点、理念都是从这个情境中学来的。

澳大利亚心理学家斯坦摩尔以几十名女士为被试做了一项实验，他的目的是通过观察被试的脑电图反应来解释情景所产生的影响。

实验开始后，研究者为被试播放广告。不久之后，研究者发现有10名被试左边的脑电图发生了明显的波动，这说明的意思是她们不喜欢此广告；于是，研究者开始转换广告——化妆品的宣传片，结果发现，被试的右边的脑电图开始有所反应——一种喜欢的表现。

因此，不一样的情境能引起个体不一样的反应。如果让个体持续停留在不喜欢的情境中，双方的交流便可能向着不愉快或假装喜欢的方向发展，而反应也变得不真实。

A是一家外贸公司的公关部经理，当某项活动的策划方案出来后，他需要交给总经理审阅。但是每一次和总经理沟通时，总经理都是坐在他那高高在上的椅子上，身体死死地靠在后背上，仰着头眯着眼和自己说话，从来不是公公正正地坐在那儿和他交谈，让他感觉自己就是听从命令而来的。

这种不舒服的感觉，让A即使有不同意见，也不再说出来。而有时总经理还会临时改变策划方案，这让A及所在团队倍感措手不及，有一次甚至使得所有人连续38小时赶策划方案而没有回家。

这样的沟通环境让A倍感压力，他的手下因为受不了，很多辞职了，最终连他也不例外。

交流的情境，让A感到了不舒服，使得A倍感压力，也没有找到积极改善的方法，也注定了最终彼此分飞的结局。

类似这样的沟通情境并不是人们所想要的，那么，如何才能改变呢？下面的几点方法，是解决沟通不良情境的可用之道。

### 1. 引导话题情境

很多人在沟通时会说，不知道和对方说什么，这反映的是彼此缺少共同的话题。

一般来说，与人沟通，人们内心希望得到对方的认同，即“求同心理”，表现为人们对那些和自己有着某方面共同性的人会产生更多的好感。这种“共同”的联系，能使对方更容易对你或者你们所讨论的事物产生亲近、熟悉的感觉，也能使交流保持在相对愉悦的状态。

### 2. 设计相似相惜的情境

如果沟通双方拥有很多类似的地方，那么相互吸引也比较容易，自然能促进双方关系的发展。

刘伯承和叶剑英两位军中元帅，曾共同在当时的苏联学习，但刚开始彼此并不知道对方也在。当叶剑英来拜访刘伯承时，刘伯承愣了很久才说道："啊，剑英，什么风把你刮来了？"叶剑英紧紧握住刘伯承的手说："我最近才知道你在这里学习，所以迫不及待地来看你，请恕我冒失之过。"说完之后两个人却哈哈大笑，高兴之情不言而喻。

学完回国之后，两个人又开始在上海为苏区红军翻译苏联红军步兵战斗条令和政治工作条例等；后来，两个人都担任过红军总参谋长和红军学校校长；抗战时期，叶剑英担任八路军参谋长，刘伯承任129师师长；解放初，两位军帅又分别担任南京市、北京市市长。

两位军帅的各种经历在当时的时代，其相似性并不是领导者所刻意安排的，是当时历史任务的要求。但这种巧合也同时造就了两个人的深厚友谊。这便是相似相惜的情境的作用。

### 3. 找到心理共同点

如果沟通双方能寻找出彼此的共同点，对彼此的反应来说，是有利而无害的。

- 看——透过暗中观察，寻得共同点；
- 说——巧妙询问，探得共同点；
- 听——他人介绍，挖到共同点。

心理学家勒温明确指出，科学的心理学必须讨论整个人的情境，即人和环境的状态。因此，在沟通中，人们受到情境的影响远比我们想象的更多，这无可厚非，重要的是应尽量减少不良情境的影响。

**学心理，用心理**

如果沟通总是围绕着自己而进行，时间长了，自己也会厌烦。

如果沟通的确在围绕自己进行，那么不要过度高估他人对自己的关注度。

人们把自己当作沟通中心，或许是一种错，但这种错却能被他人拿来利用。

有时，把他人转移进自己的关注中心，能发现自己可能比原来更受欢迎。

# 焦点效应

## 把自己当作沟通中心的错误

沟通在情境中产生，而必不可少的是沟通双方的参与，无论是哪一方，人们会有这样的感觉：我似乎是沟通的核心，对方也是因为我想如何而引起被关注的。

人们的这种心理所反映的正是焦点效应。所谓焦点效应，指的是人们高估周围人对自己的行为、外表等的关注度的一种表现。受其影响，人们往往会把自己当作一切的中心，并坚持认为他人时刻关注着自己、注意着自己。

心理学家季洛维奇的实验，让康奈尔大学的学生穿着某名牌T恤进入教室，并且穿该衣服的学生事先估计大约会有一半的同学注意到自己的这“与众不同”之处，但是，最后的结果非常出乎意料：只有23%的人注意到了这一点——远远低于他的预期。

因此，人们经常认为的——他人注意着自己的一举一动，实际并非如此。事实上，人们把自己放在了核心、中心的位置，并不自觉地放大了这种感觉。这也是人们的一种普遍心理。

在你的身边你可以发现满是戴眼镜的人——因近视而戴、因好看而戴的无镜眼镜或是老花镜，但是你却很少发现佩戴助听器的人，尽管事实上的确有很多人听力差。

这背后的原因，助听器比较贵可能是一个原因，然而据英国和澳大利亚的调查，即使提供免费的助听器，人们也不愿佩戴。

因此，研究发现，真正的原因是出于人们对自己形象的关注——不想让他人发现自己有问题。事实上，佩戴助听器并不会引起多大的关注，而当他人和这样的人谈话，总是不断地反应出错——却更能引起人们的关注。

人们无中生有的各种关于自我形象关注的观念，让人们的反应频频出错。把这些归入到沟通中，则人们把自己当作了沟通的中心，而错误及其所带来的后果非常严重。

一次企业领导会议，你作为总经理助理，在一旁做着记录。突然，会议室的一声声响，让你不自觉地惊叫了一声，而其他人并没有表现出什么，你随即的反应是：糟了，这下给领导丢脸了，领导该怎么看自己啊。

因此，在随后的会议中，你一直低着头，不敢看任何人。更糟糕的是，总经理让你向大家分发一份文件时，你竟然没有反应——直到总经理第三次喊你。

会议后，你不可避免地受到了总经理的批评，但好在并没有影响在公司其他领导中的形象。

你对自己失误的过于关注，又引发了后来的失误——反应出错，很明显，你忽略了整个沟通情境——在开会，而把自己当成了整个情境的中心。

我们想要的是良好的沟通效果，而焦点效应对我们沟通的影响却更多的是让人们把自己当作了沟通的中心，这是不利于沟通的，然而人们的这一倾向有时却可以转为沟通的利用点而被运用。

从申奥成功的那一刻开始，2008年的奥运会便成了全中国人和全世界人所关注的焦点。可口可乐公司利用“奥运会”这一焦点策划了奥运营销系列。

首先，可口可乐公司很早便开始为奥运打下伏笔，如“申奥成功纪念罐”、“奥运新会徽纪念罐”和“奥运火炬传递纪念罐”等。

其次，2004年6月雅典奥运圣火抵达北京，作为雅典奥运火炬传递的主赞助商——可口可乐公司提前数月就已经启动了“雅典2004奥运火炬传递——中国火炬手/护跑手选拔”活动，在中国20多个城市选拔火炬接力选手和护跑选手。

通过这一活动，这让很多普通消费者通过可口可乐和奥运有了零距离的接近。

再就是2004年8月4日，可口可乐（中国）公司在北京举办了一场以“为奥运喝彩，为中国加油”为主题的大型发布会，并且让刘翔、滕海滨、马琳三位体育明星成为了新的形象代言人，同时，分别为他们形象而设计的“要爽由自己”的可口可乐奥运包装，也开始在全国市场限量销售。

在有关体育营销的各项活动中，有关专家称赞助失败的原因其中之一，是由于过度以品牌为中心，而不是以消费者为中心。因此，可口可乐公司以消费者最为关注的奥运会为契机，把“消费者的参与”转为自己营销的“焦点”，而最终也实现了销售上的“大丰收”。

焦点效应，是每个人都会有的一种反应倾向，但我们同样关注着其他人的行为和态度，并随之而调整自己的行为。因此，人们对他人的关注成分会永远少于自己，沟通的效果自然会缺那么一点点，也就是说，对他人，我们至少应给予比现在更多一点的关注。

# 第5章

# 说者无意，听者有心：信息传达

管理中传达一个命令，运动比赛中一个眼神的交流，朋友的一个动作……都是一种信息的沟通，无论是哪种，结果却只有两种——传达正确和错误，因为人们对信息是说者无意，听者有心式的反应。

学心理，用心理

“一言既出，驷马难追。”——信息的传达必然要精准，否则将使你的信誉大打折扣。

人们越担心什么，便越有可能出现什么。既然这样，不如顺其自然。

习惯，有时是一股强大的沉默力量，可以让人们适应对方的言语表达方式。

就沟通的信息传达角度来说，表达精准还是要放到首位的。

# 斯本内现象

## 语言表现，先要精准

话语，是人们进行沟通的中介。通过说话，人们把自己的所想所思传达给他人，但是你有没有发现，有时你的话语并不按着你的预期出现，甚至是和你的所想完全相反。

一位母亲为儿子送饭，到了单位才知道儿子因为犯错已被开除，但儿子并没有告诉母亲。母亲明白儿子是为了不让自己担心，但现在母亲却不知道怎么办了。如果继续装不知道，她会因为不知道儿子现在在做什么而担心；如果问儿子，儿子便压力更大。

于是，这位母亲选择了前者——让自己担心，不给儿子压力。然而，在和儿子说话时，她说道：“儿子，你要慢慢来，工作有压力过不去是正常的，不要担心我。”说完，儿子没有说什么，只是“嗯”了一声，但母亲自己却突然后悔了，因为她本来想说的不是这些，而是“儿子，你要好好工作，慢慢来，不要担心我”。

前后两种意思——“过不去正常”、“好好工作”——让人感觉截然不同，这种差别是信息传达中出现的一种明显现象——斯本内现象。

所谓斯本内现象，是以牛津大学教授威廉·阿奇博尔·斯本内的名字命名的，指的是一个句子或短语中的字母或单词被意外地进行交换的过程。

斯本内发现了这一现象，人们去参加他的演讲的目的是为了听他犯错误。曾有一次斯本内写信给他的一个研究员教授，请求他马上前来帮自己解决一个难题，但在信的结尾，他却附言道：难题已被解决不必前来。当该研究员看到信后，不知作何反应，最终为了保险些，还是来了一趟。

斯本内现象表现的是一种内心与言语之间的矛盾。可以这样理解，当人们正在说话时，人的一些认知过程（比如思维）会专心于觉察和修正那些潜在的、未发生的错误——内心会担心出现某些错误，这个过程是理性对我们自己的要求，不会或者不愿意让个体说出“所担心”的声音。

然而，事实是人们越担心什么，往往越容易发生什么。不少名人、总统在讲话中经常会出现这种现象，甚至还闹出过不少笑话。

2007年9月，美国时任总统布什出席悉尼亚太经合组织（APEC）论坛，他向澳大利亚总理霍华德说：“总理先生，谢谢你介绍我出场，谢谢你主办石油输出国组织（OPEC）峰会。”当场数百名听众顿时大笑，布什不得不笑着打圆场说：“他邀请我参加明年的OPEC峰会。”——但澳大利亚并非石油输出国组织成员。

再如，美国现任总统奥巴马在2008年8月25日首次偕同竞选搭档拜登同台亮相时也出现了此现象。他说：“容我介绍下任总统——美国下任副总统拜登！几十年来他为华盛顿带来改变，但华盛顿没有改变他……”而回应他的拜登说：“有个人准备为我们带来急需的改变——他就是美国下任总统‘巴拉克·美利坚’。”——同样的错误再次出现。

另外，法国总统萨科齐曾将法国的一地区“阿尔萨斯（Alsace）”说成“德国（Allemagne）”，将这一本国的领土“归到”了他人头上。

案例中总统们出现的现象，被称为“口误”，更准确地说便是斯本内现象。当看到这些错误时，人们的疑问是为什么会出现这样的错误。

试想，美国对石油资源的强烈需求及其表现，而石油资源丰富的地区在中东，或者说是不是当时的布什总统时刻在担心有关石油的问题呢？

奥巴马和自己昔日的竞争对手同台亮相，尽管已经“权在手中”，但毕竟是竞争对手，难免不断在头脑中提醒自己：一定要好好表现，不能出错。

而对于萨科齐的口误，法语中的“德国”一词与“阿尔萨斯”的发音的确相似，或许这是真的口误，然而这一口误却引起了网民的不满，因为法国人民曾为阿尔萨斯三次卷入战争，牺牲了数百万人的生命。

这是发生在名人身上的因言语失误而造成的沟通不良的事件。日常生活中，同样尽是这样的现象。

比如，常常听到的“道不知”——原本应该是“不知道”；还有“不值得”却说成了“值不当的”；以及直接说的是“这根粗真葱”而不是“这根葱真粗”。

或许你感觉这里所出现的例子，并无大碍，甚至还有些趣味性。这是已被人们接受的、习惯了的一些现象，因此即使不用人们解释，人们也能准确理解其意。所以，并不是所有的斯本内现象都会严重影响人们的沟通效果。

但是，就沟通的信息传达角度来说，表达精准还是要放到首位的。

**学心理，用心理**

对牛弹琴式的谈话，原因在信息传达者身上，因为你不了解对方。

信息传达者所表达的话语应该适合于正在进行的沟通、交谈的背景和意义。

沟通是一个选择接着一个选择的过程，你需要对对方的反应有所预期。

了解对方，从真正了解对方的共同点抓起。

# 听众设计

## 你了解你的沟通对象吗？

如果你的角色是信息传达者，那么你的语言表达准确、清晰一般会比不清楚的、不准确的表达效果更好，毕竟多数情况下人们喜欢清晰、畅快的沟通。这是对你自己的要求，那么，你是否同时也了解你的沟通对象呢？

如果你的沟通对象是一位盲人，当你对他说“杯子在桌子上，你可以自己倒水喝”，则显然没有任何帮助，也没有意义。

如果你的沟通对象并不知道狗蹲在地上，并等着食物的到来，那么你对此的描述，对你的沟通并没有什么帮助。

如果你向你的沟通对象说单位今天新来了一位领导，并且据说很有能力，而对方并没有回应，那么你所说的对你的沟通同样没有意义。

如果找个词语来形容这些沟通中的话时，可能最确切的是“废话”——虽然难听，但是事实。每当人们说出某些话语时，都必须考虑沟通所针对的另一方，以及想与对方所分享的是哪些内容，否则，便有点“对牛弹琴”或者“这与我何干”的感觉。

对此，哲学家保罗·格莱斯最先提出了听众设计原则，也即合作原则，指的是信息传达者所表达的话语应该适合于正在进行的沟通、交谈的背景和意义。这个合作原则可以给人们的沟通一个指导，具体来说，这一原则包括以下四方面内容。

（1）你说的话所代表的信息应像所需的那样多，而不是超出所需；

（2）尽可能地说你认为正确的话，而不是自认为错误的或者缺乏充足证据的话；

（3）所说的话应前后相关联；

（4）所说的话尽可能地简洁、有序，避免模糊和歧义；

这一原则的具体应用，我们可以通过下面的一段对话来理解。

朋友A：你去云南旅游过吗？

朋友B：5年前去过一次。——（心想：我不知道A为什么这样问，但我想我应该多说一些，而不是简单回应。）——1

朋友A：我想去一趟，但我更担心那里不安全，听说有很多贩毒的。

朋友B：我想大多数情况下没事，那里的管理还不错。——（A的担心有一定的道理，但我应该告诉他一些可以相信的东西，让他有所放松。）——2

朋友A：你住的是哪个宾馆？

朋友B：我们没有在那停留，当天返回的。——（我不能说“我没有住宾馆”，因为这样，他可能会认为我住了别的什么地方。）——3

朋友A：你愿意再去那旅游一次吗？和我一起？

朋友B：让我看看能不能去，我得想一想。——（我不想去，但也不能没有礼貌地直接拒绝，不过他能感觉到我在找理由拒绝吗？）——4

朋友A：啊？

朋友B：嗯，对！——（A显然被引导了。）

你可以发现，这段对话中B充分利用了合作原则的四项内容，即对话中所标注的文字部分。

在一段沟通活动中，你要说的话是一个瞬间接着一个瞬间进行选择的过程，而你需要对沟通对象的可能反应做出精确的预期，因此如果你没有十足的把握相信你的朋友会如你所料般的反应，那么最好不要向对方提及此信息。

这是在沟通过程中让对方准确反应的说话方式，除此之外，克拉克和马歇尔提出了是否了解对方与己的共同点判断的依据。

**（1）所属同一团体的身份**

如果两个人同属于某一共同团体，那么在交谈时有一些东西是彼此共同知道的，这让沟通自然多了一层了解。

比如A向舍友B说道："玛丽（玛丽是同住的舍友）今天早晨出丑了。"则B的反应一定是："是吗？怎么回事啊，说说。"而不是："玛丽？谁是玛丽？"

**（2）已出现的语言为铺垫**

如果信息传达者在之前的或者过去的交谈中已经提到过某些信息，那么在现在的交谈中，这部分信息已经成了共同点。

比如，A和B是好朋友，A还有一个妹妹是C，之前的一次偶遇B认识了C，于是当A和B单独在一起聊天时，A经常向B说C怎么怎么样，则彼此心知肚明，而不用A首先介绍一下C是谁。

**（3）情境或客体同现**

当沟通双方直接面对着或者正好遇上同一情境或客体时，这部分信息便自然而然地成了共同点。

比如，C同时认识A和B，当A和B正在逛街时，C打电话给A，问道："你在干吗呢？"则A可以直接说："在和B逛街。"而不是说："在和一个朋友逛街。"接着C问："谁呀？"A回应道："说了你也不认识，不说了。”

因此，当你再次和某个人沟通交谈时，你应弄清楚彼此拥有多少共同点，如果并不清楚，可以用符合保罗·格莱斯的四项原则的话来一步步预测、推断并加深对沟通对象的了解。

学心理，用心理

传达信息——无论是感觉上的传达，还是言行举止上的传达，都应该入情三分，保持一致性。

信息的前后一致性，可能会让人们为了保持而坚持，但这可能不是人们的真实意愿。

人内心本能地会希望做一个言行一致的人，基于此，人们也会从这一角度来评判你的言行举止。

# 印象原理

## 言行举止，都入情三分

了解对方是一个过程，不可能早晨认识，晚上便熟知彼此一切。在了解彼此的过程中，个体本身会有某种刻板印象存在——这在第 4 章已经提到，会造成解释偏差。这一点，从反面对沟通者的要求是：传达信息时应保持前后一致性。

当消费者接收到关于某些品牌新品的宣传广告，会被广告中色、形、味等的完美搭配所吸引，接着很可能会去该品牌店享受这一食物，然而却是失望而归，原因是看到的、吃到的实物跟宣传完全不一样。

再比如，一位礼仪老师正在向一家企业的员工讲说礼仪课，当说到着装要整洁时，有人看到他的西装破了，就问了一句，他不假思索地说："我今天来公司，怕迟到，本来应该绕过栏杆进来的，但看看时间来不及了，所以就直接翻栏杆进来了，结果就被刮破了。"说完无所谓地接着上课，但接下来，员工们已没有几个认真听了。

尽管我们在各种广告中看到"广告仅供参考，以店内实物为准"，又或者听到类似礼仪老师的讲课，但是这种前后的不一致性，尤其是很大程度上的不一致，给人们留下的只能是负面印象。并且从反面再次验证了一个事实：传达信息——无论是感觉上的传达，还是言行举止上的传达，都应该入情三分，保持一致性。

威尔斯研究员曾做了一项相关实验。将120名大学生分成两组进行谈话，谈话的主题是“全国范围的水中加氟”，研究者通过事先的问卷调查，了解到学生们基本上支持这一做法，但并不绝对。

在谈话之前，研究者告诉第一组学生他非常支持自由言论，对此学生们表示强烈支持；但并没有告诉第二组学生同样的话，然后开始交谈。交谈中，研究者表示希望学生们能支持禁止在水中加氟这一行为，当然，学生们实际上是持“支持”态度的，但研究者意在改变他们的观点。

结果是，研究者说服了第一组中的绝大多数人，但却无法说服第二组。一些后续的研究表明，宣称支持某一观点虽然不能让学生们改变来赞同，但却可以分化出许多可能持反对意见的人，从而赢得更多人的支持。

为了保持前后一致性的印象，一些人坚持着，但有时这种保持并不是自己的真实意愿。一旦这种情况出现，却有可能是人们传达信息的不错的策略。

一位销售员到一家石油公司做推销，事先他已得知这家公司的大多数人都非常反对政府对企业的任何干预。于是当他来到这家公司时，他首先向对方谈的是和自己有过业务关系的财富500强企业，然后是与其他各行各业人员的工作关系的融洽。最后，他说道：“事实上，唯一与我们业务关系不融洽的部门是政府。”这样做的结果是，即使那些持中立立场的人不会支持你的计划，但却能让那些可能持反对意见的人保持沉默，因为此时销售员迎合了大多数人的立场，和大多数人保持了一致性。

这种一致性印象，源于一定的目的，是一种表面的一致性，但它的确是一种销售的策略。

在保持前后一致性方面，给人留下深刻印象还有那些伟人，并成为了后人的行为楷模。

比如，曾子，有一次他的妻子要去赶集，孩子哭闹着也要去。妻子哄道："你听话在家，回来给你杀猪吃。"而赶集回来后，妻子并没有想真的杀猪，而曾子却要真的杀，她赶紧上前阻止，曾子说："你欺骗了孩子，孩子就会不信任你。"因此，最终杀了猪。——为了培养孩子的言行一致，曾子同样是这样做的。

再比如，焦裕禄同志说："新干部不参加劳动，就不能明确树立阶级观点、群众观点；老干部长期不参加劳动，思想就要起变化，要变化。"于是，他身体力行，不管工作多忙，都会坚持参加集体生产劳动，经常和群众一起翻地、封沙丘、种泡桐……

雷锋说："做好事就不要计较别人说什么，只要对人民有益，就应该坚持做下去。"于是，雷锋实实在在地为人民付出了自己的所有，参加抗洪抢险、为背着孩子的中年妇女买票、帮助建筑工地干活、为部队战士倒水、为火车候车室打扫卫生……

人内心本能地会希望做一个言行一致的人，基于此，人们会从这一角度来评判你的言行举止是否一致。所以，传达信息，从你的个人举止到你的言行、表情，甚至是你的穿着，都应尽可能地显现出一致的线索。

# 热情原理

## 沟通的中心性品质

**学心理，用心理**

人们在与人沟通的过程中，并不会总体上来公平、准确地来看待一个人，其中某些特征比另一些特征更能影响人们的判断。

“热情”是一个人所有品质中最“中心”的一个，延伸到沟通活动中，这个人的“热情度”必然影响信息接受的好坏。

热情并不是天生就有的，它是一个培养、形成的过程。

信息的多少是有限的，而人的热情是无限的，让对方通过你的热情接受到无限的信息，使沟通得以在愉悦之中持续。

什么样的人有什么样的言行举止，人们的印象中有一定的标准。还有一种品质，也是人们的印象，但并没有明确的标准，这就是热情——沟通中人们始终感受着，并也影响着信息传达的效果。

一位做广告业务的老板最近辞退了一位性格冷淡的设计师，他说：“看到他我就感到有一块大石头压着我，我非常强烈地感受到他正在吞噬我的积极能量，笼罩着我的是乌云和阴霾，就像是有某种不幸正在一步步走近我。”

因此，这位老板用人的第一原则是：是否有热情和外向的性格。如果没有让人感觉愉快的性格，即使有才华，也不会被录用。更重要的是，他会无意中吓走客户。

如果留心观察身边的人，你可以发现，那些幸福的人是充满愉快、热情及满脸笑容的人；那些得到公司、领导器重的人是热情、积极向上、乐观的人；那些让人敬重、爱戴、有大家风范的人依然是充满热情、乐观开朗的人，而不是与所有这些相反的冷酷、不合群、冷僻的人。

在沟通心理学研究中，热情被证明是沟通的中心性品质，这一原理的证明者即是所罗门·阿希。

在实验中，被试被分为两组，阿希向被试呈现描述人格特征的两组词语，即：

第一组：热情、聪明、熟练、勤奋、实干、谨慎；

第二组：冷酷、聪明、熟练、勤奋、实干、谨慎。

然后，让两组被试根据这一描述分别进行评价，即根据所描述的人格特征词来判断这个人如何。

10分钟后，被试陆续完成了评价。结果发现，尽管两组词语中的描述仅有“热情”和“冷酷”上的不同，但两组被试的评价非常不同：第一组被试评价这个人非常好，并且不假思索地用各种优秀的品质来赞赏他；而第二组被试的评价却极为恶劣，同样地把各种恶劣的品质赋予了他。

实验研究者阿希对此非常震惊——因为如此的天壤之别，只是在于第一组里是“热情”，第二组里没有，而是“冷酷”。

阿希教授的研究，为我们解答了一个长期被人们所忽略的问题：人在与人沟通的过程中，并不会从总体上来公平、准确地看待一个人，其中某些特征比另一些特征更能影响人们的判断。

所以，这个实验后来便被定义为“热情的中心性品质”实验，也就是说，“热情”是一个人所有品质中最“中心”的一个，由此延伸到沟通活动中，向对方传达某些信息，是经过某个人来实现的，而这个人的“热情度”必然影响信息接受的好坏。

至此，我们看到了热情在日常沟通生活中的重要性所在。然而，热情并不是一个人天生就具有的，这是一个培养、形成的过程。

**1. 对对方感兴趣**

如果你对你的沟通对象并没有什么兴趣，表现出一副无所谓的样子，试想，对方会如何接受你的信息？很显然，你无所谓，对方自然也无所谓。

一位职场达人，喜欢在各种特色的小店中“淘出”自己喜欢的衣服。这次她赶了个大早，准备趁人还不多，大肆逛一次。当她走进一家衣服店时，她看到的是店老板腿翘到了桌子上，即使自己进去了，她也依然如此。因此，身为顾客的职场达人扫了一眼店里的衣服，什么也没说就走了。

即使是无声的信息传达，也需要人们表露出兴趣，这便是这位店老板所欠缺的。

### 2. 发自真心的赞美

人们总是喜欢被赞美，如果你想让对方欣然接受你的信息，则适时的赞美是必不可少的。

一位女士在法国度假。在法国尼斯城的一家酒吧，她用极其蹩脚的法语赞美一群法国老人，欣赏他们跳的“哈巴涅舞”，老人们听到如此蹩脚的法语，不仅没有笑她，还高兴地拉着她一起跳。末了，老人们和她留下联系方式，说将以写信的方式来教她法语。

发出真心的赞美表明的是你的热情，对方会记住你，并乐意与你共享信息。

### 3. 自信

你用什么样的语气传达你的信息，是非常肯定，还是不确定？是声音很细，还是声音浑厚有力？这些是你自信的一种表现，也是你内心乐观与否的热情表现。

信息的多少是有限的，而热情是无限的。在沟通的信息传达中，让对方通过你的热情接受到无限的信息，使沟通得以在愉悦之中持续。

学心理，用心理

把简单变得复杂不容易，而把复杂变得简单却更难。

事情本身可能很简单，但人们却容易把他们复杂化。

人们总是容易记住那些特殊的事物。

# 简单原则

## 越简单的信息越有效

如果向你传达一条信息，有两种方式，一种比较复杂，一种比较简单，直达核心。那么你会选择哪一种方式？

和人们能懒则懒一样，人们也会选择简单的方式来接受信息。因此，在传达信息时，越简单的信息越有效。

全球体育运动品牌的代表——耐克刚进入中国市场时，其标志是[钩]+耐克[中文]+NIKE[英文]，过了几年之后，去掉了中文的耐克；而现在，把英文的NIKE也去掉了，只留下一个钩——这个标志却成了全世界最简单最伟大的符号，当然这和耐克本身品牌的质量分不开。

这是在品牌营销中简单原则的运用。有人说，把简单变得复杂不容易，而把复杂变得简单却更难。因此，简单化并不是人们认为的那样容易做到。

肯德基是世界上最成功的消费品公司之一，其子公司遍布全球80多个国家，1.1万多个（截止2009年）。在中国，其餐厅数量为2300多家（2009年初）。那么，肯德基总公司在美国，如何解决对中国子公司的监督、考核等变成了一个关键问题。

有一次，上海肯德基有限公司收到了三份总公司寄来的鉴定评分，分别是83、85、88分，这让管理者们非常意外，因为他们并没有听到相关的鉴定消息。

事实上，肯德基总公司雇用、培训了一批人，让他们假装成顾客，到肯德基店内检查评分，这些顾客和平常顾客一样，来了点餐，吃完走人，管理者们完全不可能知道是谁。得知如此的“鉴定”方法之后，所有的快餐店管理者们均感受到某种压力，从而也不敢再有任何的疏忽。

作为企业管理者，都希望自己的员工能够忠诚奉献，但相应的制度考核必不可少，肯德基公司所面临的问题更是复杂——跨国管理并不容易，所以这种“神秘顾客”的出现，让管理信息变得非常简单。

不过，人们并不愿意让自己这样简单地处理信息，很多情况下，人们自己把信息变得复杂化了，而交流也变得复杂化了。

曾有一家报纸举办了一项高额奖金的有奖征答活动，题目是有一个热气球上载着三位关系世界兴亡发展的科学家。第一位是环保专家，他的研究可以使全世界的人们免于因环境污染而面临死亡的境地；第二位是核子专家，他的能力在于防止全球性的核子战争，使地球免于遭受灭亡的绝境；第三位是粮食专家，他甚至可以在不毛之地种植出粮食，使几千万人脱离因饥荒而亡的命运。

但是，此时的热气球因为充气不足，不能同时承载这三位科学家，因此问题是：应该丢出哪一个人，让其余两个人得以存活。

问题刊出之后，人们给出了各种答案，并竭尽所能地阐述了自己的理由，但是最后回答正确的竟然是一位小男孩，他的答案是：丢出最胖的那位科学家。

其实，事情本身很简单，但人们经常把他们复杂化了。人们过多地把解决问题的核心放在了三位科学家的身份角色上，但这根本不可能分得出来——他们都很重要，因此即使你所传达的信息很简单，但人们并没有抓住问题的实质——体重——这一关键性信息所在，解决自然不可能。

那么，在传达信息时如何遵循简单原则，让人们迅速抓住最有效的信息呢？

原苏联心理学家莱斯托夫曾发现过一个非常有趣的现象：在一个人数众多的宴会中，主人依次介绍来宾并一一握手时，那些身形、相貌、年龄及地位等特征突出的人成了最有利的一位，因为主人即时记住了他们的名字。

通过总结，莱斯托夫发现，生活中也有很多类似的现象。于是，他做出了一个大胆的推测：人们总是容易记住那些特殊的事物，即莱斯托夫效应。而随后的实验也证明了这一推测。

因此，正像莱斯托夫效应所揭示的那样，有时最简单的信息，可能就在于这最关键性的信息是什么。

学心理，用心理

复述，是为了延长信息在记忆中的保存时间。

多次重复之后，一只“猫头鹰”变成了“猫”，复述完全走样儿了。

不受干扰的复述，才能保证信息传达的效果。

# 复述强化

## 不断地重复，直到记住

我们传递或者接受了大量的信息，但不可能全部转化为简单的信息，更多的可能是复杂信息或者繁杂的信息。对于这样的信息，人们更多的会选择复述强化策略。

如果你的手机没电了，而你只记得丈夫的电话，但是你要找的是另一个朋友C，那么你很可能会找一个公用电话打给丈夫（丈夫手机中有C的电话），然后让他告诉你C的号码。如果在没有纸笔的前提下，你会怎样记住丈夫所告诉的电话？

一般来说，你会重复一遍丈夫所说的数字，并且在挂电话的过程中继续重复着，然后会以最快的速度按键、拨打出去。

这是日常生活中最经常出现的一种有关复述的例子。复述，即在一定时间内有意识地重复所获得的信息的过程。这个时间范围一般非常短，是一种短暂的记忆储存和强化方式，目的是为了延长信息在记忆中的保存时间。

在有关复述的相关应用中，同声传译可能是对此的最佳表现。

同声传译，是工作者在不打断讲话者正常讲话的情况下，不停地将其所讲内容传译给听众的一种口译方式。就目前来说，全球专业的同声传译人员总共也不多，约2000人，中国更是非常紧缺。然而，同声传译人员的训练标准却是非常高。

以其中的影子练习为例，不仅要求学员倾听原语讲话，而且同时要以落后于讲话者2～3秒的差距，来如影随形般地用同一种语言把讲话者的话完整准确地复述出来。这只是基础，随着熟练程度的提高，学员将可以逐渐将差距拉大到落后讲话者片刻到一句话的时间来跟读原语，而此时要做到的是耳朵在听、嘴巴在说、脑子在想。

影子练习让学员达到的是一心多用的同传工作方式。最终，一个优秀的同传人员达到的速度是一般在250字/分钟左右，而一般发言人的语速为150字左右。

同声传译人员能对说话者的内容做到准确的翻译、口述，其间的技巧自然不用说，但其对接受的信息首先进行的便是复述，只不过他们的复述水平比一般翻译人员更高。

从本质上来说，复述是对信息的机械性重复，不需要什么变动。然而，人们的复述，有时却完全“走样儿”了。

英国心理学家费雷德里克·巴特利特（Frederic Bartlett）请一位实验参与者复述了一个刺激的事：临摹一幅猫头鹰画。然后又请另一个参与者临摹第一位参与者临摹的画，第三位参与者临摹第二位参与者临摹的画……多次重复之后，这只“猫头鹰”变成了“猫”，而且非常形象化。

由此巴特利特推断，信息往往会在传播的过程中发生改变，最终的信息和最初相比往往已经面目全非。

实验中的参与者所传达的是视觉上的信息，所进行的也可以说是视觉上的一次复述，而几个人之后，最初的信息完全“走样儿”——复述，也会让人们出错。

复述本身是对所接受信息的一种强化，目的是把信息记得更牢。但若没有复述呢？

> 实验中，被试听到三个辅音，比如F、C和V，然后是一段变化的时间间隔，在这个间隔之后被试会被要求回忆这些辅音。这段变化的时间内（大概3～18秒），为了防止被试复述，被试所要做的是做一些连续减3的运算，即给被试一个三位数的刺激，然后连续减三地往回数，直到要求回忆的信号出现。
>
> 实验者利用不同的辅音和间隔时间段，请不同被试多次重复了这个实验，结果发现，保持信息的时间越长，回忆成绩就越差。比如，间隔为3秒钟，相当多的信息丧失，到18秒时，几乎丧失掉全部信息。

接受到一定量的信息之后，有所间隔的时间及其间所做的事是对复述活动的干扰，这种干扰让人们没有了复述的可能，所传达的信息也就没有了本应有的效果。

因此，很多信息的传达，人们需要进行一定程度的复述，以便记下来，并且应是不受干扰的复述，这样可以得到预期的强化效果，同时促进沟通的持续进行。用一句话来表述的话，就是不断地重复，直到记住，这是作为信息传达者主动引导沟通对象的部分。

学心理，用心理

你所传达的信息，由对方接受了多少而决定。

不同的组块方式，影响着人们的记忆广度。

找到一些方法，将大量的信息组成少量的块，信息便有了个人意义。

尽管我们可以将信息组块——赋予个人意义，但前提是保持原始化的信息。

# 信息组块

## 信息与个人意义的结合

你能传达多少信息，答案可能是很多、很多；你的沟通对象能接受多少信息，答案却可能是未知。然而，沟通中信息的传达效果，与你的沟通对象息息相关——他接受多少，便说明你的传达效果如何。

如果你的眼前呈现一系列数字，比如8 2 5 0 1 6 8 4 5 7，只看一眼，然后盖起来，然后尽可能多地按照原来出现的顺序写下来，你能写几个？

同样的，如果是一排字母呢，比如J R W O V S P L S A。

也许你的成绩是5到9个——和大多数人的成绩相符，这便是米勒（George Miller）所提出的神奇的组块原则——一个人对信息的接受、加工能力一般在7±2范围内。米勒认为，组块是指将若干个小单位联合成较大的单位的信息加工。

比如，一个懂英语的人，会直接把信息“Communication”当作一个单词来接受，而一个不懂英语的人，很可能会当作13个独立的字母，记忆起来也会非常困难。

所以，组块的广度是不同的，同样的信息，有的人所利用的组块广度比较广，有的人却相反，而最终将影响信息的传达与接受。

那么，利用信息组块，人们记忆的广度能变成多大呢？

一个由20个数字组成的序列：19371860190118951949。完全单纯地来记，你可能背不下来这“20”个数字，但若把它们当作中国历史上的几次重要的转折点，你会轻松地记下来，并且是“5”个。

尽管是一个简单的例子，但利用组块——找到一些办法将大量的信息组成少量的块，人们的记忆广度明显增加了。人们每时每刻接受的信息很多，不可能记得住所有的信息，而为了记住尽可能多的信息，人们会选择一定的方法——组块来让自己记得更多。

一位参加世界脑力锦标赛的选手库克说，当他看到整副牌时，他常常把每张牌与人物、动作和对象联系起来，比如，他会把黑桃7想象成歌唱组合“命运之子”（ 美国城市蓝调摇滚音乐四人组），动作是在一次暴风雨中挣扎，对象为一条小船；梅花王后则与他的朋友亨利埃塔相联系，动作是用手提包猛拍，对象是装满衣服的柜子。接着他只要把每张牌所相应的想象场景串联成一条熟悉的思路，只要需要，来一次思维漫步就可以轻松转换成牌面了。

所以，组块的大小并不是固定的，可以是一个字母、一个数字、一个单词、一个词组甚至一个句子。它因人而不同，并且依赖于人们的经验、知识及对其的熟悉程度。

在现实生活中，各种利用组块来增强人们的信息接受程度的事例大有存在。

广告策划人所提出的一个问题：广告如何能在众多的广告大战中脱颖而出呢，是用尽方法将尽可能多的信息——已超出了人们的接受范围——“塞到”人们的头脑中吗？

一般来说，广告是在人们无意中被注意到的，如果广告的信息容量太大，那么人们可能会产生冗杂、太长、烦琐的感觉。因此，一般广告信息的容量会定在5个组块以下。

广告策划人会尽可能地利用这个组块的广度。比如，把单个的各种信息组成熟悉的或有规律的图形、符号、文字语言或者其他；画面情景突出核心——要么突出人物、要么突出景物；利用谐音记忆等。

利用信息组块，可以把原本大容量的信息分成各个“块”，从而使信息看起来简单、少，也能留出更多的容量给其他的信息块，最终使得大量的信息得到有效的传达。

我们向沟通对象传达信息，首要的出发点是希望对方能接受自己所传达的信息，而一旦“量”过多，很可能事倍功半。因此，作为信息传达者，应懂得或有意识地利用信息组块来引导对方接受更多的信息。

学心理，用心理

当所传达的信息和对方自身的经历分不开时，对这一经历的曾经体验便成了一种提示，并影响着随后的判断。

没有共同的情境提示，会让你的信息不被理解，沟通自然不畅。

曾经的经历体验，能帮助我们解决现在所遇到的难题。

情境——曾经的体验，很容易受到各种因素的干扰，从而难以保存。

# 情境提示

## 现在的判断源于曾经的体验

我们已经知道，沟通双方容易受到交流的情境影响。不过，有一些信息的传达是与情境无关的，也有一些信息的传达却与情境分不开。

如果你今天学的是三角形内角和定律、万有引力定律及化学元素周期表等，那么对这些信息的接收，很可能不受你所在的教室、天气情况或者所挨着的同学是谁等的影响。

而如果回答诸如你参加高考、你最高兴的一次旅游、你第一次恋爱等相关问题时，但你实际上并没有这些经历，那么你将只能编造一下，或者便是无从说起，而与对方的沟通交流也随即转为沉默。

其中，与情境无关的信息的接受或者传达是语义记忆，是类似“百科全书”式的信息；与情境紧密相关的信息便是情景记忆，是自传式的信息——也是本节的重点，这是由加拿大心理学家图尔文首先提出的。

当我们将传达或者接受的信息和自身的经历分不开时，对这一经历的曾经的体验便成了一种提示，并影响着随后的判断。

在电影《初恋50次》中，有这样一个镜头，男主角坐在一家咖啡馆，一道镜子的反射光照到了他的脸上，很自然地他回过头去看，看到的正是女主角，他被女主角所吸引。于是，他走过去搭讪，他们聊得很开心。

第二天，男主角再次邂逅了女主角，但这次女主角带着非常疑惑的表情问道：“我认识你吗？”——这让男主角非常尴尬，不知为什么女主角会这样。

事实上，女主角因为车祸，记忆出现了问题——只能记住车祸之前和现在当天发生的事情，而第二天会完全忘记，因此父母帮她过着重复的“日子”。

没有了之前的情境提示，让男女主角之间的沟通戛然而止。这从反面突出了情境提示对人们沟通的重要性。

不仅如此，甚至是有些原本和情境无关的信息的传达或接受也能受到情境的限制。

在电影《贫民窟的百万富翁》中，男主角想通过回答问题、赢取奖励来找到他喜欢的女人。其中有一个这样的问题：在一百美元面值的钞票上，是谁的肖像？——这对于一个从小生活在贫民区的人来说犹如天方夜谭，因为人们很少刻意去记这个常识性知识，更多的是拿来用。

但是，男主角回答对了（本杰明·弗兰克林），原因便是情境提示。他回想了这样一个情境：男主角为了寻找他所喜欢的女主角，又回到了孟买。一天在一个阴暗拐角处，他听到了熟悉的歌声，而歌声的主人眼睛已经瞎了。因为同情，男主角把身上最大的钞票（100 美元）给了他，盲童问：“美元？多少钱？”男主角说：“100。”然后盲童问上面画的是谁，男主角描述道：“一个老人，秃顶，但周围的头发很长，像一个女孩那样”。然后盲童随即回应道：“本杰明·弗兰克林……”

或许你会认为这是电影的情节安排，是虚构的，但情境——曾经的体验经历，的确帮助人们对一些常识性的难题做出判断。

至此，我们看到了情境提示对信息传达或接受所发挥的作用，但是不可否认的是，情境——曾经的体验，很容易受到各种因素的干扰，从而难以保存。

1986年2月28日，美国东部标准时间刚过11点，挑战者号太空飞船起飞后不久即爆炸——针对这一事件，心理学家奈瑟尔和哈斯茨做了一项跟踪调查。

事故发生后第二天，研究者让参与调查的被试填了一份问卷，主要涉及的是描述他们如何得知这一消息的、当时在哪里、正在做什么、得知后心情如何。

1988年（事发两年后），研究者召集到这些被试，让被试回忆挑战者号的悲剧，并再次填写一份问卷，与之前的问卷相似，但这一次每一个问题都带有一个估计准确度的评分（即对自己的答案的确信程度是多少，从1到5评分），然后保留。研究者发现前后两次的调查有了差异。

1989年，再次进行了实验，不过这次是以访谈形式进行的，访谈的内容是让被试叙述曾经的那一场悲剧，并估计自己记忆的准确性。访谈中，研究者把被试前后回忆的差异性展现出来，比如1986年时报告说从电视上得知的，现在说是一个朋友告诉自己的，然后询问被试前后不一致的原因。

被试对这些不一致原因的解释是各种各样的，但是可以确定的是被试的情境记忆随着时间的推移，变得不准确了。

情境，以个体自身经历的特定时间、地点为参照点，为信息的传达或者接受提供了一个支架，或者让人们更好地交流，或者便是失去原有意义，也失去现在交流的意义。作为信息传达者，在传达信息时，能否勾起沟通对象的曾经的、准确的体验，便源于此。

学心理，用心理

不注重场合的一句话，很可能让整个沟通惨败。

背景本身是配角，是为了衬托信息，而不是成为主角，来个喧宾夺主。

人在知觉客观事物时，会有选择地把少数事物当成知觉的对象，而把其他事物当成知觉的背景。

如果背景和我们所要传达的信息相互混淆，人们便有可能接收到的不是所传达的信息，而是沟通的背景。

站在沟通对象的角度，自身也会对某些沟通方式产生一定的预期，如果沟通背景正好迎合这种预期，则接纳这种沟通的可能性更大。

# 背景强化

## 做好场合的铺垫

在沟通中，个体可能会受到一些曾经经历的情境的影响，进而影响信息的传达，我们可以把这一因素归为个体的心理背景。不仅如此，个体还会受到当下背景的影响。

这里说的背景，可以是沟通发生时的物理场所，也可以是当下沟通中的情绪、气氛背景。不同的背景能造成不同的沟通气氛，进而是不同的沟通效果。

有一位刚入职的公务员，陪着几位领导去慰问敬老院的老人，其中一位领导问道："您老身子骨看着很硬朗，今年高寿啊？"老人说："79啦。""那现在数您最长寿了吧？"这位公务员接着问道。"哪啊，老陈活到84呢。""那您也算常胜冠军啦。""可不是嘛，老陈去年归天了都。""呦，这回轮到您了。"公务员顺口说道。然而，现场气氛顿时冷了几分，这位公务员也很尴尬，其实他原本意思是这回长寿冠军可轮到您了。但已经晚了，后来听说这位老人好几天心情不好，还不断地猜测是不是那句话是领导的真实意思。

一次慰问，本身是传达对老人的关心之情，然而不注重场合的一句话，却让传达之意发生了歪曲。

有一位销售员，约顾客谈项目。销售员提前订好了位子——饭店的一个靠墙拐角处，人少比较静，不受干扰，也比较适合交谈。等到顾客准点到达后，销售员与顾客交谈了起来，刚开始顾客的回应还比较积极，但是不知为什么，后来顾客总是低着头，有点爱答不理，也一直犹犹豫豫。

受此影响，销售员心里没了底，说的话也有点不知所措的成分，终究没能谈成项目。等到顾客走后，猛然扭头，销售员才发现自己身后不远是一间女士卫生间，销售员才感叹道："原来如此，这可害惨了自己。"——原来订座位的时候，只注意找了个光线不太亮的地方，却没有发现不远处的卫生间，难怪顾客后来老是低着头。

类似这样的背景，所唤起对方的很可能是一些不舒服的感觉，甚至是厌恶性的事件。因此，背景的适合性在传达信息时非常重要，甚至直接决定着人们对信息的接受与否。因为背景本身是配角，是为了衬托信息，而不是成为主角，来个喧宾夺主。

心理学认为，人在知觉客观事物时，总是会有选择地把少数事物当成知觉的对象，而把其他事物当成知觉的背景。可以说，知觉的过程就是从背景中区分对象的过程。不过，如果是下面的图片信息呢？

下面的图片中，你看到的是一个花瓶吗？还是说，是两个人头的侧面像？

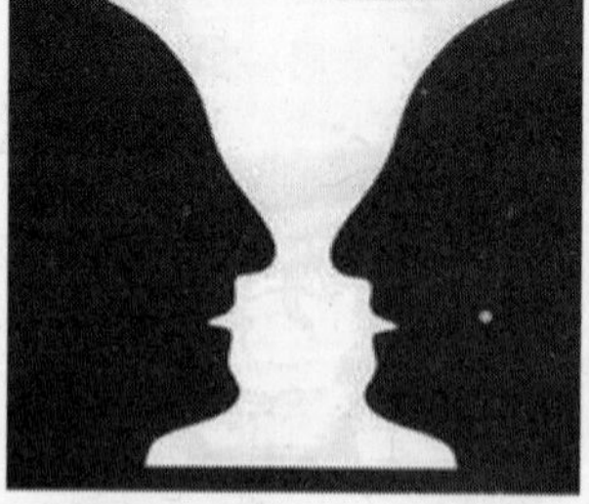

你可能看到的是一个花瓶，你也可能说看到的是侧面像。但是当你继续看时，你会发现图形自己在不断地调换——花瓶和侧面像来回在“跳动”，但是你只能选择一次看一个，不可能是两个同时成立。

图片的模糊性，让人们的知觉产生了不确定感，也可以说，这让人们分不清何为背景，何为真正的主题。信息的传达同样如此，如果背景和我们所要传达的信息相互混淆，人们便有可能接收到的不是所传达的信息，而是沟通的背景。

因此，信息的传达需要有效的背景，抓住“背景”这个时机，以便恰到好处。比如下面这位负责人。

有一个乡镇级的单位，刚购置了一批电脑，实现了人员的办公自动化，并且专门请了一位专业人员作为负责人。该负责人做得很好，但他百思不得其解的是，为什么领导不为电脑室配备空调。领导知道后说：“其他部门也没有空调，也这样办公的。”

后来，上级领导来参观文物展览，领导们发现有一些文物出现了严重损坏，解答人员说：“由于部门缺乏经费，未能配备空调所导致的，如果是在恒温条件下，将会有很好的保护。”领导听后，颇有感慨。观察于此的电脑负责人趁机说道：“其实，我们的电脑室也没有空调，这样也在损坏电脑，时间长了，也将影响电脑的性能和使用寿命。”

领导听了之后，立即回应道：“好，我回去后一定向上级汇报情况，争取尽快解决。”不久后，电脑室便解决了空调的问题。

善于沟通的人，在传达信息时会注重背景场合的选择，以使自己的话语和当时的沟通情况、氛围相符合，并收到最佳的预期效果。

沟通背景如何，本身起到了一个引导、强化的作用，并且某些特定的背景更是能造就某些特定沟通氛围，从而实现沟通信息的传达与接受。而站在沟通对象的角度，人们自身也会对某些沟通方式产生一定的预期，如果沟通背景正好迎合这种预期，则人们才有可能接纳这种沟通。因此，做好背景场合的铺垫，这是身为信息传达者所应知道的。

第6章

# 沉默是最糟糕的折磨：反馈之道

有时，沉默的力量毅然决然地影响着我们的沟通。人们需要的是打破沉默，赢得反馈之道。

学心理，用心理

鼓掌是一种反馈，而其意可能是鼓励，也可能是嘲讽。

反馈，包括最严厉的批评，能让对方感到被重视。

没有反馈，对信息传达者来说，就像被当成了“空气”一样。

以赞美为例，对人的赞美会胜于对事的赞美，因为事是由人来做的。

# 反馈实验

## 任一回应都比无动于衷更有益

人与人之间的误会有 80% 由沟通不到位造成，而沟通双方的反馈方式恰当与否是其中的一大因素。

以鼓掌为例，它是一种沟通，正像比尔·盖茨所说的，鼓掌速度决定赚钱速度；它是一种反馈方式，当你讨厌的人取得成功，你可能会鼓倒掌；它还可以体现团队的力量，当你的掌声越多，对方会更加愿意付出。

反馈，是对对方的沟通信息给予一定的回应。一次沟通交流，人们的回应方式各种各样，比如心不在焉、敷衍性的附和、点头认同及不赞同等。心理学家通过实验发现，不同的反馈方式会影响人们的行为。

心理学家赫洛克以 106 名四五年级的小学生为被试做了一项研究。实验中，研究者将被试随机分为四组，实验内容是让孩子们做难度相当的加法练习 5 天，每天 15 分钟，这一点每个组是一样的，不同的是在每次练习之后所接受的评价方式。

第一组会受到严厉的批评，即“挨批评组”；第二组会得到称赞和鼓励，即“受表扬组”；第三组不会得到任何评价，只是让他们在旁边听前两组被试所受到的评价（批评或称赞），即“被忽视组”；第四组不仅得不到任何评价，还被隔离了起来，即“控制组”。

5天后，研究者对被试的学习效果进行测试，结果发现前三组的成绩明显优于“控制组”，成绩最好的是“受表扬组”。研究者还惊奇地发现，“挨批评组”的成绩还优于“被忽视组”，也就是说，适当的表扬优于批评，而批评也比不予任何评价要好。

无论是表扬还是批评，都是一种反馈方式。这种反馈，能让行为者了解自己的行为结果，并可以进一步强化其之前的行为，从而继续出现这一行为。因此，这一实验便是心理学家后来所称为的“经典反馈实验”。

可以这样说，在沟通活动中，任一回应方式的存在都将比无动于衷、毫无反应更有益。比如下面的情景。

有10个人，共同组成了一家企业的某一部门。其中一人(A)为领导，剩下的9个人是他的下属。A会不定时地找某个人谈话，但也告诉大家有问题可以直接找他。

一段时间之后，A经常找的是那几个老出问题的人员，以督促他们顺利解决问题。还有几个人会主动地找A来交流，主要是一些新策划、新创意上的交流，A给予了不错的赞扬。而再剩下的几个人，便像空气一样不吭声，A有时也想不起来有问题找他们。

但是，这些像空气一样的几个人，自己心里却一点也不踏实，他们猜不透的是A怎么就没找过自己，也猜不透为什么那几个人经常找A……这些让这几个人凭空产生了很多想法，而最终这些猜测偏向了“自己不重要、自己存不存在都可以”的一方，工作效率大大降低，甚至辞职走了。

经常有问题的人和主动找领导的人，均获得了对自己的反馈，而剩下的几个人更多的是无反馈和凭空猜测。这种情况经常出现在企业的管理中，也不止一次地造成了人员的流失或者“过一天算一天”的状态。

这些要告诉我们的是，反馈——沟通中一定要有所反馈，哪怕是简单的几个字也将胜过“被当成空气”。

反馈的方式有很多，但从反馈的整体方式上来说，主要有以下三个特点。

### 1. 选择适当的媒介

反馈时选择一定的媒介，无形中能助你一臂之力。比如，及时反馈并利用身体语言来辅助的当面反馈；灵活快速、实现双向交流的电话沟通；正式、具有永久记录性的书面沟通、电子沟通等。

### 2. 区分对人和对事的反馈

针对不同的沟通对象，所采用的反馈方式应有所区别。当某人因为做的某事非常好，而你要反馈与赞美时，应尽量赞美这个人本身而不是事，这样会让人感觉到自己更优秀；相反，如果你要批评一个人，则应对事不对人，让他感觉自己并不差，只不过没做好这件事而已。

### 3. 运用反馈迂回战术

如果对方已经意识到自己的错误了，却碍于面子等原因不想承认，那么与其让其承认错误，不如采取这样的反馈方式：

- 创造条件，让其“无意中”听见你的意见；
- 为其铺上顺水推舟式的台阶，让其不再固执己见；
- 让第三者的“无心之言”，为你传达自己的意见。

沟通本身没有障碍，但由于人们的各种不合理反应，包括无反应的沉默，也包括赞美或者批评等，让障碍有了可能。因此，沟通不能缺少反馈，否则将不是完整的、有效的沟通。

**学心理，用心理**

共情，是在人与人交流中表现出来的对他人设身处地理解的能力。

沟通双方的情绪，有时能影响对方，并成为对方的情绪。

把自己当作对方，从内部去体会、认识对方，能获得更好的反馈。

你对别人怎么样，别人也会怎样对你，这是一个经久不变的道理。

# 共 情

## 唯情感融入，才让沟通顺畅

每个人在社会中生活，本身是一个融生理、心理和社会文化为一体的综合体。和他人在这些方面差异或者相似的多与少，并不一定决定着沟通效果的好或坏，重要的是你的共情能力如何。

共情，是人本主义心理学家罗杰斯提出的，是针对良好的心理咨询与治疗关系而提出的，意思是说“咨询员能够正确了解当事人内在的主观世界，并且能将有意义的信息传达给当事人；明了或察觉到当事人的个人意义的世界，就好像是你自己的世界，但没有丧失这‘好像’的特质”。简单来说，共情即在人与人交流中表现出来的对他人设身处地理解的能力。

一次沟通、交流，双方都会有一定的情感投入，若把共情能力放到沟通活动中，则可以这样理解：沟通双方彼此的情绪，有时能影响对方，并成为对方的情绪。

曾经有这样的一件医疗事件。患者，男，45岁，两年前身体右下腹部出现了一个包块，平卧时会消失，因此没有当一回事儿。近几天，该症状加重，即使平卧也不再回复，并开始疼痛、发红，于是来医院就医。

医生听完病人的描述之后，对该部位进行了检查，然后告诉病人的是病情很重，让病人赶快通知家属带钱来住院，然后立即手术，说完医生在病人住院单上就写下了诊断“疝”，并没有向病人解释更多的病情信息。

然而，可悲的一幕随后发生了，患者把“疝”看成了“癌”的简写，心想肯定是治不好了，不如为家里剩下费用，于是走出诊室跳楼自杀了。

另外，据国内有关医疗纠纷的调查显示，医疗纠纷中80%是由医患沟通出现问题造成的，因技术造成的只占20%。

医生向病人作出诊断及治疗方案，这本身是职责所在，案例中的医生也做到了，但他忽略的是患者的情绪，没有考虑到患者的承受能力，更没有给予患者“不严重、不要担心”的信号，即没有设身处地地为对方着想。

梅耶鲁夫（1971）认为，共情是“关怀一个人，必须能够了解他及他的世界，就好像自己就是他，能够好像在用他的眼睛看他的世界一样，而不能把他看成物品一样从‘外面’去审核、观察；能与他一起待在他的世界里，并进入他的世界，从内部去体会、认识他的生活方式及他的目标和方向。”

一位小学三年级学生的班主任，因为一个孩子带零食到学校吃（学校规定不准在校吃零食）而请来了该学生家长谈话。

班主任向学生家长解释了这一规定，家长说：“我的孩子特别瘦小，发育不好，需要补充一些食物和营养，也是没有办法的办法，学校太不近人情了。”班主任笑了笑说道：“是啊，咱们这孩子真有点瘦。您作为家长，还是蛮有见地的——没有跟风以瘦为美，也没有让孩子一味地减肥，是为了让孩子健康，是真正的关心孩子啊。”

听完这话的家长笑了，说道：“您别夸我了，孩子胖不起来，真让人着急。”班主任接着说道：“其实呢，对此现在有两种观点。一种认为多吃零食有利于孩子补充营养；另一种则认为正是吃零食影响了正餐的正常进行，所以孩子才会长不胖。并且这一种观点是有科学依据的，学校也是因此而规定的。”

家长有了一些疑惑，不知道如何回应。于是班主任接着说道：“如果您和孩子坚持这样做，我有一个建议，可以让孩子到校后把零食交给我管，并在办公室吃，不过这也要得到学校的同意。不知您征询过孩子的意见没有？再就是营养不良也可能和吸收功能有关，你可以咨询一下医生的建议，看看怎么办更好。”

一席话之后，家长明白了很多，并答应班主任一定重新来查找原因，也为所带来的麻烦表示道歉。

班主任并没有过多地站在学校的角度来强调“不准吃零食”的规定，而是从对方的出发点——关心孩子这一点来切入，因共情而得到了很好的效果。

沟通心理学认为，从操作角度来看，可以把共情分为：能设身处地地感受他人的情绪，理解他人的意图；并以恰当的方式表达自己对对方情绪与意图的感受、理解与尊重。

与他人沟通，做到共情，你将可能得到对方的最大程度的认同，下面的几点能帮你做到这一点。

### 1. 学会换位思考

心理学中有这样的一个原理，你对别人怎么样，别人也会对你怎么样。与人沟通，是一种相互影响、相互反馈及相互捕捉彼此信息的过程，因此如果希望沟通顺畅，则要适时地站在对方的角度来揣摩对方的信息。

### 2. 学会倾听

这是做好倾听的首要条件。积极地倾听对方，不仅要注意对方的言语内容，而且要注意那些非言语线索所透露的情感信息，以便完全理解对方，和对方产生共鸣，从而积极、正确地反馈对方。

### 3. 表达尊重

尊重，是人们的一种情感需要。在沟通中尊重对方，既包括对方的个性，也包括对方的信念和选择，而不能带着个人感情色彩来评断、反馈于对方；应以尊重并带着谦恭的态度来表达自己的观点，而不是强加于人。

学心理，用心理

反馈出现错误，一个可能的原因是缺少了最后的确认。

对对方话语的简单重复，是最简单的一种确认。

如果你有了预先判断，那么请不要马上反馈，你需要再确认一下正确性。

# 确 认

## 很多误解，只因缺少确认

无论你是用肢体语言还是口头语言向对方传达反馈信息，误解难免会出现，从而可能使对方不能准确地理解你的意思。

在电影《让子弹飞》中，有这样一个情境。姜文及其部下兄弟是用吹哨子来相互通信的，而在出城剿匪的途中，遭到了埋伏，于是展开了一场枪战，姜文和兄弟们相互用哨子来安排作战计划。然而其间有一个兄弟中了枪，不能吹哨子了，于是和他在一起的葛优——汤师爷想用哨子告诉其他人这一情况，但是他所吹出的哨子在兄弟们听来，却是在告诉大家“老大死了”，因此几个兄弟之间疑惑不解，直到再次确认老大安然无恙才放心。

哨子，对姜文及其兄弟来说，不同的声音代表着不同的意义，不懂此意的汤师爷的一声哨子随即给大家带来了误解。因此，这让相互之间的反馈出现了错误，甚至是错误的行为，而确认——确定对方的信息是否正确，是保证沟通顺畅的必要条件之一。

身为一家经营出口加工厂的老板，苏先生不管在业务上或是在管理上，都相当有成效，能把一切掌控在自己的手中，不急不慌。然而，他却对自己的儿子束手无策。

他和儿子之间有着很深的代沟，每次一见面，两个人没讲几句话就开始拍桌子，彼此大吼大嚷。同样的情境因为儿子彻夜不归而再次上演，但就在吵得不可开交之际，儿子突然停下了，说道："爸，这样吵下去根本解决不了问题，我能不能请你把我刚才说的那句话再说一遍？""啊？什么，你说……你说做父亲的太能干，会当然看不起你这儿子。"他父亲顿时找不着北地说，但儿子却回应道："不对，你再想想，我是这么说的吗？""不是这样吗，我怎么记得住你说的话，你不会自己再说一遍啊。"

听到此话的儿子笑了，慢慢说道："从头到尾，我说什么你并没有在听，你刚才说的话是你自己想的，并不是我说的。那么现在我说一句，你重复一句，然后你再说，我再重复你的话来沟通行吗？"父亲说那试试看吧。

于是，两个人就这样"你说来我重复"地竟然说了两个小时，苏先生终于知道两个人的症结所在了。

案例中父子的症结，便在于确认的缺少，而对对方话语的简单重复，目的便是再次确认对方的意思是否和自己所理解的一致。因此，当听到对方的信息时，或许我们并不需要马上回应，来个简单的重复——确认一下，也许能打消某些误解，沟通自然也很顺畅。

几位朋友在饭店吃饭，有一人要了一份三鲜汤，特别叮嘱服务员要把鸡蛋和蔬菜多放一倍。服务员把菜单拿给厨房时说道："客人要求在三鲜汤多放一些鸡蛋和蔬菜。"厨房传达给做此菜的主厨时说："一份三鲜汤，放点蔬菜和鸡蛋。"结果，客人所看到的三鲜汤跟原来的一样，就这样要求变成了白说，还很生气。

确认，我们的沟通需要认真确认，并且这个确认的过程具有一定的连续性。如果你的沟通对象不止一人，那么对你的反馈信息的确认也需要所有人的确认，一个一个地确认，不能因为传递而让信息发生了曲解。

在宾夕法尼亚大学，有一位法律系教授，在每学期开学的第一堂课上，他总是会在黑板上写下两个数字：4和2。然后他会问学生："结果是多少？"学生们给出了各种各样的答案，比如6，2，8等。

但是，他总是摇着头告诉大家不对。学生们疑惑，于是教授说道："你们根本没有问这是什么题目？是加法，是减法，抑或是除法。你们不了解问题，却又试图给出答案，这样怎么可能给出正确的答案呢？"接着他说道："我们所有人都经常如此，在还没有弄清楚问题之前，就急于给出定义、结论，做出可能合理但却不是正确答案的决定。因此，在你没有听清对方的话之前，请不要予以任何结果，法律也不例外。"

当我们听对方说话时，随着对方言语、动作的显现，我们会不自觉地做出一些判断，包括在内心所做的判断。事实上，这些很大程度上是我们自己的主观臆断，并非对方的客观含义所在。因此，就像在网络上进行任何一项活动一样，我们不能凭主观而随意做出决定，所需要的同样是最后摁一下"确认"键。

**学心理，用心理**

很多人和乌鸦一样，刻意贬低他人的优点之处，而这反映的是自己的丑陋。

由否定向肯定的评价转变，最易得到人们的积极反馈。

人与人之间的交往，本质上是一种社会交换的过程。

对待他人，不可缺少的是欣赏，这让人们获得了肯定，也能诱发人们的自动反馈。

# 欣 赏

## 人们总是希望获得肯定

下面是彼·埃特萨米的《乌鸦与孔雀》的故事情节。

一只黑色的乌鸦停在美丽的皇宫花园的一棵树的树杈上，它看到不远处修剪得十分平整的草坪上，有一只孔雀正傲慢地踱来踱去。于是它说道：“人们怎么能允许这么一只奇怪的鸟踏进这美丽的花园呢？你看它那傲慢的样子，好像它是国王本人似的。还有它的双脚是那样的丑陋，再瞧它那身蓝色的羽毛多么难看啊，像这样的阴森森的颜色我永远也不会穿。真是个丑八怪。”

孔雀听到乌鸦的议论，并没有马上吭声。后来它扭头面带微笑地说道：“我想，你刚才说的话并不符合事实，你讲我的坏话，那是出于嫉妒，或者误会，也或者无知。你说我傲慢，是因为我昂着头，但只有这样我肩上的羽毛才能竖起来，实际上我一点也不傲慢。我知道我自己的确有丑陋之处，比如我的脚，这一点也是我很烦恼的事，所以我尽力昂起头，以让自己不会总是看见这一点。但是，你只注意到了我的难看之处，却没有看到我更多的优点，难道你真的不知道你所谓的难看，在人类眼里却是值得赞叹的地方？事实上，你极力贬低我，并不能抬高你自己，反而是暴露出你自己的真实品性。”

故事中的乌鸦，是现实生活中很多人的真实写照，他们总是有理由贬低、嘲讽他人，却吝啬于发现或者说出他人的值得肯定、赞赏之处。

然而，心理学研究发现，人们内心非常希望得到他人的肯定，即使是这些冷嘲热讽的人也不例外。美国社会心理学阿伦森和林德等通过实验证明了这一点。

实验中，研究者把被试分成四组，其中有一位被试是研究者的助手，即假被试，研究者安排这名假被试担当被试们的临时负责人。在每次实验的休息时间，假被试会到研究者的办公室向其汇报情况，其中会涉及对其他被试的印象和评价，而被试所在的休息室与研究者的办公室只有一墙之隔。尽管假被试已经压低声音谈话，但研究者进行了巧妙地安排，即被试每次均能清楚地听到该假被试怎样评价自己。

事实上，假被试的评价涉及四种情境：肯定——假被试对第一组被试自始至终均用欣赏的语气来说他们如何如何好；否定——针对的是第二组被试，从开始到结束都用否定的态度评价他们；提高——对于第三组，前几次是否定式的评价，然后转向肯定；降低——第四组被试则是从肯定逐渐转向否定的评价。

实验结束后，研究者询问所有的被试，多大程度上喜欢这个“临时负责人”，让被试们从 -10 到 +10 的量表上进行评价。

结果发现：第一组的平均分是 +6.42，第二组是 +2.52，第三组为 +7.67，第四组为 +0.87。

这便是“让别人听到你的评价”的实验。研究者发现，一个人肯定别人，别人也会喜欢你，如第一组；你否定别人，别人也不喜欢、否定你，如第二组；但令人惊奇的是，当一个人对他人由否定评价转为肯定评价时，会得到对方更多的喜欢，甚至超过从始至终的喜欢，如第三组高于第一组；而若是由肯定转为否定，则对方会对你大打折扣，如第四组低于所有组。

心理学家霍曼斯进一步指出，人与人之间的交往本质上是一种社会交换过程。

也就是说，你怎样对待对方，对方就会怎样对待你。因此，结合人们总是希望获得肯定的心理倾向，在人际沟通中，对待他人，人们不可缺少的是欣赏。

- **放大别人的优点**

一个懂得欣赏的人，会关注于他人的优点，正像有人说的："当我们专注于A时，就会忽略B和C。"所以，专注于优点，发现对方更多的好，一定程度上可以避免让我们的反馈局限在负面信息上，并保持一定的积极性。

- **保持接纳的心态**

一个人有多少优点，相对地就会有多少缺点显现。有时人们能非常容易地觉察到对方的缺点，却看不到优点。因此，在沟通活动中，即使注意到了对方的缺点，也应有一份接纳的心态，尽可能客观地对对方有所反馈。

- **付出实际行动**

欣赏是一种态度。从行为心理学来讲，得到他人的欣赏和肯定是一个正强化的过程，可以使人们更加认可自己的行为，更加有自信和有自尊。因此，态度付之于实际行动，将会更有效果。

所以，沟通是一个相互反馈的过程，不要一心希望得到别人的欣赏，从自己做起，实际上便是在为自己的沟通"金字塔"添砖加瓦，将会收获的是他人的同等的欣赏。

学心理，用心理

同一件事，不管做得好与不好，都可以得到鼓励，重点是方式如何。

“心病还要心药医”，说的便是一种心理上的安慰、鼓励。

信息传达者的适当鼓励，能给予对方表达自己的力量。

# 鼓励

## 有时，简短的话就可以

和人们希望得到欣赏反馈一样，当人们有所付出时，人们也希望得到他人的鼓励，以使自己的沟通动机得以继续保持甚至变得更强，这也是沟通双方所需要的一种反馈方式。

一个领导带着几位下属去打保龄球。如果下属抛球然后打倒了7个，身为领导可能有下面的两种表达。

一是：“真厉害，一下子就打倒了7个，不简单啊你。”这种说法让人听后很舒服，下属内心的反应是：“下次我一定打得更好。”

第二种是：“真糟糕，明明冲着10个过去的，怎么最后剩下3个没有打倒啊，你是怎么搞的。”这样的话自然给下属一种压力，为了减轻这种压力，下属很可能的反应是：“我还打倒了7个呢，换成你很可能还不如我呢。”

前后两种话语所表达的意思其实是一样的，均是七中三不中，但是却给人带来截然相反的感觉。并且第一种鼓励显然不会造成反馈偏差，反而是第二种容易造成错误地反馈，甚至完全体会不到鼓励的成分。

鼓励，在心理咨询中的定义是，对求助者所说的话的简短重复或仅以某些词语如“嗯……嗯”、“是这样”或“后来呢”等来使对方进一步讲下去或强调对方所讲的某部分内容。将鼓励这一技巧应用、拓展到沟通活动中，便可以给予对方正确的反馈，并引导其积极地回应交谈。

一个年轻的建筑工人因高空作业不慎摔伤，并随即昏迷。在医院苏醒后，他感觉下肢毫无知觉，于是担心、怀疑自己残废了，便整日开始郁郁寡欢，甚至产生了轻生的念头，他的一个朋友发现这一变化之后，鼓励道："你身强力壮，还年轻，生理机能也很强，只要你积极配合治疗，日后加强锻炼，肯定不会残废，这是医生说的，请你相信我。"

听完这几句话，他有所疑虑地问道："真的？"朋友很有力地"嗯"了一声。从此之后，他不但积极配合医院治疗，而且还主动投入了生理机能的恢复训练，数月后康复出院。后来，他对朋友说道："要不是你适时给予我鼓励，我是无论如何也不会有信心恢复的。"

对病人、伤者，医院的治疗固然重要，但是心理上的安慰、鼓励也一样不可缺少，正如俗话说的"心病还要心药医"，就是这个意思。不仅人们的日常生活事件如此，而且在企业管理中也同样需要鼓励。

早在20世纪20年代初期，日本松下公司便计划在金锋设立一个新的办事处，而选定的负责人是一个20岁出头的年轻人。当这个年轻人得知时，非常吃惊，但更多的是不敢接受，因为他刚刚进入公司两年，对很多事情并不了解。

松下幸之助亲自接见了他，与他开始了坦诚地交流，双方交换了彼此的想法，并告诉年轻人"你可以全权负责，我相信你的能力"，年轻人感受到了松下对他的期望与鼓励，最终也未辜负松下对他的期望与信赖，做得非常出色，并成为了松下幸之助的得力助手。

和一个人交谈，当信息传达者需要得到对方的反馈时，对方可能因为某些原因，比如疑虑而没有做出反应，那么这时信息传达者的适当鼓励，则给了对方表达自己的力量。

> 美国哈佛大学的詹姆士教授通过对企业员工激励的研究发现，按时计酬的分配制度所能发挥的员工能力占 20% ～ 30%；但是如果受到充分激励的话，比如薪酬的改善、工作条件的提高或者适当的关心等，则可以发挥出 80% ～ 90% 的能力。这两种情况下的差距，是不可忽视的。

改善工作条件，也是一种鼓励。人们最不可忍受的是沟通对象的沉默回应，因为早知道如此，就不会开始交谈了，毕竟此时最生气的是信息传达者，所以如果你想让对方对你的话有所反馈，可以试试鼓励技巧。

**学心理，用心理**

利用提问，或者再次准确地听清对方所说的话，便能因势利导，使沟通进入预定的范围。

我们想要的是有利于反馈的正确的问题，因此提问的技巧性很重要。

封闭式提问容易让沟通变得越来越局限，最终无话可说。开放式提问，可以让话题展开，但也可能变得宽泛、跑题。

最终反馈的获得，往往是开放式提问和封闭式提问的结合。

# 提 问

## 问对问题，才会有正确的答案

围绕某些信息，沟通双方展开了交谈，但并不可能完全会认同或者听懂对方所传达的信息，此时的问题便成了切入点。利用提问，或者再次准确地听清对方所说的话，便能因势利导，使沟通进入预定的范围。

相反，如果一次沟通没有问题或者问的问题并不切题，那么这样的沟通或许顺畅，但也可能留给人的印象是有些木——一方像是在象征性的陈述，另一方也没有投入多少关注在里面，只是在单纯地接受；如果你是信息传达者，即使在交谈时提出了一些问题，但也有可能得不到想要的答案，因为你没有问对问题。

资深节目主持人杨澜，1999年初访谈华裔诺贝尔物理学奖获得者崔琦时，问了这样一个问题：“如果当时您母亲没有坚持让您到香港读书，今天我会在什么地方找到崔琦呢？”——杨澜本以为崔琦会回答“是的，知识改变了我的命运”之类的话，但结果是：“我宁可是一个不识字的农民，在家里种地。因为我想，如果我当时在家，我的父母就不会饿死……”杨澜听到后很震撼，也让自己对访谈有了更多的追求。

提问，不同的方式不同的答案。作为提问者，不可能完全知道对方的答案是什么，但是这并不是我们沟通的目的，我们想要的是有利于反馈的正确的问题。因此，如何提问题非常重要。

心理学认为，提问可以分为封闭式提问和开放式提问。其中，封闭式提问指的是提出答案有唯一性、范围较小、有限制性的问题，对回答的内容有一定的限制。这样的提问能够让回答者按照指定的思路范围来回答问题，不至于跑题，也可以是进一步对对方观点的确认。

一位销售员和顾客——一位企业的执行总裁在交谈，销售员问道："作为公司的领导，您一定非常关注公司的业绩，是吧？"对方回答道："是的，是的，这是必须的。""那公司现在是不是以电话销售方式来销售产品呢？"销售员随即问道。总裁说："是的，的确如此。"听到总裁的回答，销售员开始着急了，因为他并没有问道什么可以继续谈论的话题，于是又试着问道："会不会正是这种销售方式的原因，而导致您的新的采购计划的推迟呢？"对方仍然高兴地说："不会啊，我们公司的采购计划很正常，没有出错。"

像这样，提问中经常使用"是不是"、"会不会"、"有没有"或"对不对"等词，会使得对方倾向于用简单的"是"或"否"来回答。这样的反馈，某种程度上能让沟通者获得准确的信息，但就像这位销售员一样，很可能会使沟通陷入越来越窄的尴尬情境中，变得无话可说。

因此，很多情况下并不能单独使用封闭式提问来达到预期的沟通效果，需要和开放式提问相结合而使用。

开放式提问，即提出比较概括、广泛、范围也比较宽的问题，使得对方有了充分发挥的余地。常用的词汇有什么、怎么样、为什么等。

同样是杨澜，当她作为被访谈者出现时，她的回答不仅照顾到了提问者的封闭式问题，而且也为开放式提问做了很好的回答。比如新浪女性对她的一次采访。

问：你曾经说过，你在每一次采访前，都会有些兴奋，有一点点紧

张。这前半句很好理解，但紧张是为什么呢？（开放式提问）

杨澜：紧张是因为我在乎。对吧，如果自己成为老油条了，可能就完全松懈下来了。而且我觉得采访开始时，是需要一定的紧张度的。

问：您觉得采访是门艺术吗？（封闭式提问）

杨澜：我不觉得是，但它是需要下功夫的。（她接着说道）都说"新闻无学"嘛，新闻，严格来说，它不算传统意义上的学问，但是它也有技巧。比如说，如果一个问题去问所有的嘉宾，我就觉得这个问题不一定是好问题。

问：问不出什么深度是吧？（封闭式提问）

杨澜：对，反正我不会去问那种问题，我觉得那样的采访是一种失败。我希望针对不同的人问出不同的问题。

……

对开放式提问的回答，往往比较宽泛，不能深入探究，甚至容易脱离当前话题，但其优点是可以展开话题。因此，与封闭式提问相结合，可以明确回答的范围，把对方拉回当前话题中。

表达出疑问，不管用哪种提问方式，一定程度上都将促进沟通的持续，同时也能让对方感受到自己得到了对方的反馈，从而更加容易找到正确的答案。

**学心理，用心理**

征询，是一种请教、询问，并且是表达着对对方的尊重。

征询，可以得到对方更主动的和积极的反馈。

征询，让双方没有了遥远的距离，让人自然而然敞开心扉。

# 征 询

## 一句请教，可以让人敞开心扉

向对方提问题，想要的是对方的正确答案。然而，如果是向对方征询呢？这和提问所获得的反馈是不一样的。

一位临床医生，看了一位病人的 CT 片之后，耐心地向病人家属讲解了病人的情况，在向对方细说治疗方案时，医生征询了病人家属的意见。医生说："如果用 A 方案，完全治愈的可能性是九成，但风险很大，需要病人顽强的毅力；如果选用 B 方案，风险相对要小，但手术后恢复的时间需要很久，而且还有可能复发。请病人家属考虑一下，以接受一种方案。"

此时的病人家属，犹如热锅上的蚂蚁，毫无头绪，并不知道如何是好，于是便说："医生，您给个建议吧，我们听你的。"于是医生便在病人知晓病情的前提下，选择了比较稳保的 B 方案，并且手术效果比预期的要好。

在治疗方案上，医生征询了病人家属的意见，而不是直接决定采用什么方案，这对病人及其家属表现出了尊重，也让病人家属敞开心扉，信任于医生，让医生替自己做了决定。

征询，是一种请教、询问，是沟通中尊重对方、让对方敞开心扉的反馈方法。

通过征询，可以让对方感到被尊重——这是人们的一种内在需要，并主动给予沟通者反馈。

在企业管理中，身为领导者，即使位居管理层，有时也需要懂得征询及与下属沟通的重要性。

一位下属未能按计划完成公司对网络新产品线的发布，所有的初期准备已经完成，产品的测试也通过了，但负责该事务的副总裁仍然坚持说有漏洞，没有做出最后的批准。

身为他的经理，此时便想直接给他一个解决方案。但这么做，收获的只能是短期收益，而不是长期利益。于是，这位经理找来了该下属，询问了一下他的态度及所考虑的解决方案。听完后，经理肯定了对方方案中的不错之处，并非常委婉地用话语引导对方——如果……是否可以；这里是不是有一点漏洞，让对方主动找到了最佳的解决方案。

经理的引导，是心中已有了解决方案，却仍然以请教的姿态来让下属找到解决方案的。而站在下属的立场上，原本就在担心受到经理的训斥，而现在却得到经理的引导，自然打开了心扉。

所以，沟通中运用征询，可以让我们轻松获得来自对方的反馈。在2010年上海世博会的志愿者口号及标志的选定上，同样体现了征询的沟通反馈效果。

2007年12月5日正式启动了2010年上海世博会志愿者标志及口号的征集活动。到2008年4月30日截止，共收到了15717件应征作品。在整个征询过程中，得到了很多人的积极响应。

以上海同济大学为例，校方用海报、广播等各种形式大力宣传、推广世博征询活动，并向参与活动的同学发放海报、单页，以让更多的学生近距离接触世博、了解世博。除此之外，还动员同学们用实际行动支持世博，这些让现场的学生们纷纷表示将献上自己的作品，并会积极参与、选出自己喜欢的作品，以此表达对世博的支持和热情。

最终，入选的有效作品为6982幅。然后，根据评选规则，评委们从中推荐了10幅入选作品，并分次公布了幸运者。最后，所选定的标志主体既是汉字“心”、也是英文字母“V”、又是嘴衔橄榄枝飞翔的和平鸽构成，在呈现中国文化个性的同时，也表达了志愿者的用“心”和热“心”。

从开始征集到评选结束，都是广大参与者和评委们共同参与和评选的结果，并且充分尊重了所有作品的意义所在，将这些作品的精华融合在一起，才有了最终的标志。这种征集的方式，让人们开始近距离地了解世博、关注世博，并积极献出自己的一份力，是一次完美的互动反馈过程。

征询，是一句尊重式的请教，不是由上至下或直接的命令传达。面对对方的请教，人们会非常乐意说出自己的观点、看法、建议等，而这不正是沟通者所想要的反馈效果吗？所以，沟通中想轻松获得对方的反馈，征询是不错的一个方法。

**学心理，用心理**

建议虽好，能不能让对方接受才是关键。

建议也要分场合，并且对方的情绪背景也要注意到。

你的建议本身具有支配性的特点，能否照顾到对方的自尊心，体现着你的成熟度。

建议是否接受在于对方，一定不要让对方产生被强迫的感觉。

# 建 议

## 慎重一点，更成熟一些

中国古代历史上，有这样一项制度：谏官制度。谏官，即规谏君过之臣、劝谏天子过失之官，其使命在于进言和纠正君主的缺失，向皇帝提出忠告。

比如，汉代的著名谏官刘辅、王褒；唐代有魏征、褚遂良、朱敬则等；宋代有司马光、欧阳修、范仲淹等。这些谏官的职责是直言以谏，可以让君主看到自己的错误，关注到社会的发展；但这样难免会触犯忌讳，招来杀身之祸。

因此，古代的谏官一职并不好做。历史学家通过研究发现，古代的谏官大致可以分为两种。一种是耿直派，即所谓的“忠言逆耳”，但惹祸上身的可能性比较大，比如宋代右司谏范仲淹，便因直谏宋仁宗“废后”之举而受到了黜责；另一种是委婉派，比耿直派相对来说效果要好，比如我们所熟知的《触龙说赵太后》、《邹忌讽齐王纳谏》等，都是以委婉方式成功纳谏的。

古代的谏，便相当于我们现在所说的建议。建议，通常针对的是一个人或一件事的客观存在，而提出自己的见解或意见的过程。

针对某一信息，人们发现了其中的不合理、错误之处，便自然倾向于给出自己的理解及建议。然而，对方是否会接受，即使有时你的建议是合理的、正确的，答案也不确定，正如古代历朝中的谏官一样。

周末，一位女士在一家理发店做头发，发型师问她想怎么弄，她说，和原来差不多就好。于是，发型师开始操作了，不过在做头发的过程中，发型师也开始了对她的游说，比如您的头发该做些保养了，因为比较干；您可以尝试用些什么什么牌子的产品，我们这里有，我们可以给你打折；或者您这个发型多久了，想尝试换个发型吗？我觉得什么什么发型非常适合您。

这位女士非常讨厌发型师的这一点，但碍于正在为自己做头发，便没有阻止。但是，头发弄好快一半了，发型师依然在喋喋不休地游说，这位女士不得不冷冷地说了一句："我今天不想做其他的发型，也不想买什么产品，请你不要再给我建议了。"

听完后的发型师很是无趣，但也不再游说了。直到弄完头发，这位女士心情都不怎么好，出了这家店之后，她便决定再也不来这家店了。

沟通，要区分时间、地点，但是一旦选择了错误的时机或并没有观察到对方对建议的不愉快反应，人们则无论做什么都有可能是多余的。

如何恰当地、妥当地向对方提出自己的建议呢？最理想的方式应该是慎重一点，更成熟一些，并且这里的成熟不仅包括你的言语，还包括你的建议的成熟度。

### 1. 考虑对方的自尊心

从一定程度上来说，你所说出的建议具有一定的支配性，而人们往往喜欢自己拿主意，因此你若能让对方相信你所说的话和对方自身的行事风格是一致的，那么对方接受的可能性会更大。

### 2. 避免强迫印象的形成

心理学研究发现，一个人越受到约束、限制，便越想摆脱和你对着干，即逆反心理。因此，一旦你的建议让对方产生了自由被限制的感觉，对方就会拒绝向你敞开心扉，即使表面上没有反应，然而在实际行动时却往往很少按你说的去做。

基于此，一个人在向对方提出反馈信息——建议时，应同时向对方传达这样一个信息：尽管提出了建议，但最后有着决定作用的依然是对方，对方有着对这一建议的用或否的决定权。

### 3. 不确定则沉默

如果你对自己想提的建议并没有十足的把握，那么最好是保持沉默，让对方自己做出决定。

### 4. 以积极的方式结束

要确定每次的反馈信息都是在愉快、友好的气氛中结束的。沟通本身是要解决问题，并使双方对此表示满意，而不是使一方有所怀疑，从而不知如何解决。事实上，人们若能积极地、有所珍视地合作的话，建议也会给予人力量，使双方更好地沟通。

学心理，用心理

接纳不是忍受，是你的主动接受和容纳。

接纳，所反馈的核心信息是你对对方的理解。

接纳，要让对方知道。

如果是合理的、正确的反对，那么明确的拒绝也是一种接纳，说出来沟通便有了持续的可能。

# 接 纳

## 如果你接受，那就说出来吧

我们都有过这样的感受，朋友邀请自己去他家里作客，准备了一桌子丰盛的饭菜。在菜桌上朋友不管自己喜欢不喜欢，会不停地为自己夹菜，这样一来，我们即使是不爱吃的菜也只能吃掉，但是心里并不好受。

朋友所夹的菜，正是我们沟通中的话题，不管我们接受与否、喜欢与否，我们都在以无声的形式接受着。问题的关键是，你想做的选择——拒绝或者接纳，说出来了吗？

一般情况下，我们没有。

接纳不是忍受，是赞同、接受和容纳。在心理咨询中，接纳是一项重要的技术，其核心是理解——只有在理解的基础上才能实现对对方的尊重和无条件关注。而在人际沟通中，接纳则可以延伸为对沟通对象的注意、了解、观察和重视等，以及对沟通事件发生的合理性的一种理解、在意和同情等。

但事实上，很多时候人们让排斥占据了首位，并没有带着接纳心理来和对方沟通有无。

有一位 20 多岁的女孩，不敢谈恋爱，严重时一听到有人要给自己介绍对象，就会晕倒。她去咨询心理咨询师，咨询师初步定为社交恐惧。凑巧，其母亲让她下礼拜见一个别人介绍的对象，咨询师便说："你不要着急跟他谈朋友，去跟他见一面，问清楚他的名字和年龄，回来告诉我。”

这一次女孩的表现比以往都好，聊了大概有半个小时，当咨询师问她时，她说：“因为我想的只是问名字，其他的没想。”——这正是转移了她的注意力的原因。

女孩所恐惧的，其实正是她所排斥的——排斥接受交男友，更是不接纳自己的表现。如果一个人不接纳自己，那么他也很难接受对方。

然而还有一种情况是，人们即使内心接纳对方，但并没有表现出来，这样的“接纳”，同样会被他人理解为“不被接纳”。

一位新员工入职，正式加入了一家企业的创意部。经过一周的工作，新员工渐渐开始接纳了这个部门，决定留在这里（开始接纳），随后的表现也是非常积极、自觉，并充分发挥了自己的创造性及自己的责任心、事业心。

尽管如此，这个新员工并不知道部门领导和同事们是否接受了自己，因为从一开始便没有一个人表示对自己的欢迎，并且到现在她依然感觉同事们的工作态度平平淡淡，没有太多的起伏和激情，所以她始终不确定自己是否已被接纳。

其实，同事们已经习惯了她的存在，并已把她纳入成员不可缺少的一部分。但是，因为彼此的工作交集少，所以大家习惯了平淡的方式，有事则商量，无事谁也不干涉谁。

人们的接纳，并没有表现出来，这让对方不仅揣摩起来——是接受自己了，还是自己仍然是他们的局外人？这样的左思右想，从沟通的反馈意义来说，毫无反馈的效果。

只有接纳——清清楚楚、完完全全地接纳，才是顺畅沟通的正确态度。通过接纳，沟通双方认可、承认、接受对方的存在，便自然把彼此放在了平等、同一、合理的位置，然后是畅快淋漓的沟通。

### 1. 不要排斥自己

有时不管沟通信息是什么，我们会一味地拒绝、排斥和否定，甚至并没有认真听或者看信息是什么。你有没有想过，我们实际上在排斥自己，在拒绝自己接受。

比如，你受到的约束是“不要去歌厅那样的地方，那里会带坏你”。于是，当你走在大街上，假如远远看到前方有一家KTV时，你就很有可能绕道走过去或是从其前面快速走过，连看也不看一眼。

与此类似的信息，每个人都有着不同的反应，但人们此时真正所不接受的是自己，是自己阻碍了一些正常的沟通。因此，对沟通信息有所反馈，首先需要人们完全的、无条件的自我接纳。

### 2. 接受别人，非他人接受自己

一般来说，人们总是想让对方怎样接受自己的观点，如何反馈给自己，而往往忘记了去接受别人。

比如，A说：“我是为你着想才说的，所以你一定要接受我所说的建议，这样你才能保证万无一失。”而B一般很难接受这样的建议，因为你并没有接受对方，只是一味地在让对方接受你的观点。

这样的沟通是单向的，并不能得到对方的接纳，因此不要试图让别人接受自己，先接纳对方吧，这样你对对方的肯定反馈，会带来对方的肯定和接受。

### 3. 拒绝，亦是接受

和一个人沟通交谈，人们最怕的是什么，是对方的无反应，一旦出现这样的情况，主动沟通的一方也可能渐渐转入无话可说的境地。因此，如果是合理的、正确的反对，那么明确的拒绝也是一种接纳，说出来沟通便有了持续的可能。

学心理，用心理

批评是一种忠言，但人们不愿意接受，这可能是你的反馈方式不对。

人不可能不犯错，但面对错误，接受批评是需要勇气的。

无论你和沟通对象的身份如何，不要让对方感受有压力感的批评。

让对方高兴地接受批评，你可以试试赞美式批评。

# 批 评

## 忠言逆耳，只因方式不对

人们常说：“良药苦口利于病，忠言逆耳利于行。”尽管人们知道批评的话是好的，但依然排斥、拒绝着批评。但同样地，不少的人也说出了这样的话：忠言未必逆耳，很可能是你的方式不对造成的。

在《资治通鉴》上记载着这样一个故事，战国时的魏文侯把所夺得的中山之地封给了儿子，而没有给自己的弟弟。于是，大臣任座当面指责魏文侯的做法有失仁义，算不上仁君，听到后的魏文侯非常恼怒，而任座未等他发怒，便退出大殿等候发落了。

另一位大臣翟璜看见此状，心知不妙，连忙上前劝阻：“陛下真乃仁君也！有了仁圣之君，才会出现直言之臣。任座讲话心直口快，正是受您这位仁君的影响啊。”魏文侯一听，马上转怒为喜，还让人把任座请了回来，奉为上客。

同样是批评，或者直截了当，或者拐了个弯，结果差别竟然那么大。面对批评，如果真的是我们自身的错误，那么我们应该诚恳地接受，但是每一个人都喜欢听华美的言词，而不是真实的言词，因此诚恳地接受批评是需要勇气的。

美国西点军校，一直有一个广为传颂的悠久传统，即当你遇到军官问话时，你的回答只能是以下四句话："报告长官，是！""报告长官，不是！""报告长官，不知道！"和"报告长官，没有任何借口"。仅此而已，不能多说一个字，如果你想为了某事而做些解释，那么你得到的只能是一顿训斥——比批评更严厉。

这样的方式，从普通常人的角度来说，没有几个人能承受得了，因为人总是会为自己辩解，甚至认为错误并非源于自己。

但事实上，人不可能不犯错误，也不可避免地会受到批评。这些在沟通活动中都不断地显现着，如何用批评的方式达到良好的反馈效果，则显得重要起来。

### 1. 以事实为依据

一次有效的批评，是为了告诉、提醒和纠正对方哪些不正确或不妥当的地方，而不是为了责备而批评。这是沟通中比较严肃的一件事情，因此批评一定要依据客观事实，就事论事。

比如，你的助理校对文件。当把校对好的文件交给你时，文件上依然有一个错误，这时你应该给予批评，你可以说："这个字是错的，你没有发现。"而不是说："你怎么这么马虎，不负责任呢，打印出来还是有错误。"

显然，后一种批评一般难以让人接受，因为你并非就事论事，而是已经完全否定了他这个人。

### 2. 保持平等的眼光

无论你和沟通对象的身份如何——或者是朋友、同事，或者是上下级关系——也不要因为批评而给对方带来压力，更不能利用批评表现出轻视或是故意嘲弄对方的言辞、行为。

“像你这么聪明的人，我实在无法相信你竟然犯了两次同样的错误”；“你之前的表现都比一般人优秀，这次真是太让我失望了，枉我还那么认真教你”。

这样的批评方式，都会严重伤害到对方的自尊。正确的方式应该这样的：“我以前也会犯下同样的错误，不要担心，有了这第二次，相信你以后不会再这样了”；“每个人都有低潮的时候，我一直都看好你的，继续加油，不要因为这一两次的错误而止步不前”。

### 3. 适当的场合

批评毕竟让人感觉不舒服或难堪，更何况有他人在场时。因此，批评最好选择单独的场合，即使是善意的批评和忠告。

### 4. 利用“赞美—批评—赞美”技巧

如果让对方在赞美之中，感受到自己的不足之处，有可能会让对方高兴地接受批评，并很快有所改善，起到事半功倍的效果。

比如，公司要求上班时间不能利用 QQ 等聊天，但身为经理的你经常看见 A 在聊天。于是，你说道：“嘿，最近你的订单比以前大有增加啊，真不错。”“是吗，应该的。”A 回答道。“如果减掉网上聊天的时间，我想你能做得更好，更出色。”经理随即说道。A 听完后，心里知道经理批评自己了，但他也听出了经理对自己的期望，所以他并没有感受到批评时很浓的“火药味”，反而开始全身心地投入到工作中。

批评——基于正确而非错误的批评，本身能让人有所认识、有所觉悟、有所成长，而你的批评并不奏效，或许可以回过头来思索一下你的批评方式。

第7章

# 你如何改变对方Ⅰ：说服守则

当遇上意见不一的时候，成功的沟通者知道怎样才能最有效地传递信息，怎样才能说服对方，并且取得双赢，达到最理想的效果。

学心理，用心理

研究发现，沟通双方随着交谈次数的减少，对方被说服的可能性也在减小。

你的曝光率越高，对对方的吸引力便可能增加，而被说服的可能性也越大。

善于沟通的人，也善于制造和对方相互接触的机会。

简短的广告语，不仅容易让消费者记住，而且增加“见面”的次数，更能说服消费者。

# 频率原理

## 时间可以不长，但次数一定要多

如果你和某个人非常熟悉，彼此也经常会就某一话题进行沟通，那么时间长了之后，你们的交谈是不是向着越来越轻松、越来越容易达成一致的方向来发展呢？

其实不然，这是人们常常出现的一个误区。

试想，假如的确有那么一个人存在着——和你非常熟悉，但并不经常来往。对方和你曾经也许是高中同学，现在你们分别在两个很远的城市，那么一年、两年，甚至更多年之后，你们突然就某个话题交谈起来，你们能在多大程度或范围内达成共识？

答案是很少也很难。

研究发现，沟通双方随着交谈次数的减少，对方被说服的可能性也在减小。相反，如果彼此交谈的次数比较多，即使时间并不长，说服对方的可能性却相对较大。这就是沟通心理学中的频率原理，所反映的是人们往往对熟悉的东西有偏向、喜爱的心理。

心理学家扎琼克曾进行过一项交谈频率影响沟通效果的研究。实验中，研究者将12张陌生人（被试不认识）的照片，随即分成6组，每组两张，然后以不同次数展示给被试看。即第一组1次，第二组2次，第三组5次，第四组10次，第五组25次，第六组0次（不展示）。

被试看完之后，研究者将12张照片重新混合并放在一起全部展示出来，然后要求被试按照自己的喜欢程度将照片排序。

结果非常明显的是：照片被看的次数越多，被被试排在前面的机会也越大。

次数的多少，影响着人们的反应倾向。换句话说，沟通中信息传达者和沟通对象交谈的次数越多——曝光率越高，对方的吸引力便会增加，而接受——被说服的可能性越大。

在一所大学的女生宿舍楼里，心理学家随机找了几个寝室为研究对象，发给这几个寝室不同口味的饮料，然后要求这几个寝室的女生，可以以品尝饮料为由，在这些寝室间互相走动，但见面时不得交谈。一段时间后，心理学家评估她们之间的熟悉和喜欢程度。结果发现见面次数越多，互相喜欢的程度越大；见面的次数越少或根本没有，相互喜欢的程度也越低。

人们和对方是否展开一次交谈沟通，一个必要的前提便是与对方的喜欢、吸引程度，这个前提具备了，说服自然也变得简单起来，毕竟没有几个人愿意和自己不喜欢的人沟通，更不用说被说服了。

回到日常生活中，你会发现，那些有着良好沟通能力的人，往往善于制造和沟通对象相互接触的机会，目的自然是增加自己的曝光率，让对方被自己吸引、被自己说服。

在广告的投放宣传中，一些企业便利用了频率原理来推广自己的产品。其中，王老吉凉茶的广告宣传便是其中之一。

红色罐装王老吉的广告宣传语“怕上火，喝王老吉”已被人们广泛接受，并获得了很好的营销价值。回到最初，王老吉并不是如此轻松地定义出自己的品牌标准的。

其面临的核心问题是：红罐王老吉当“凉茶”卖，还是当“饮料”卖？这一难题不解决，自然也不能定义广告的主题。于是，王老吉公司和顾问公司重新展开定位调查，最后发现人们经常在烧烤、登山等场合带着王老吉，意为“怕上火，所以预防一下”，王老吉渐渐清晰了自己的定位：作为功能饮料而被购买。于是，结合消费者接受广告时的心理表现，最终便出现了“怕上火，喝王老吉”的简短、多次重复但效果鲜明的宣传语。

或许对王老吉公司来说，其品牌定位是最难的一环，但是，其最终的广告语——简短鲜明——直接吸引了消费者，成功说服了消费者，赢得了这一场沟通之战。

这些便是频率原理所发挥的作用——与沟通对象“见面”的次数多，无形中增加了自己在对方心中的说服力。因此，即使对方最初可能对你或你的沟通信息存在着某些意见，但是多次之后很可能将改变这一印象，这往往会比一次长时间的、印象并不好的沟通效果更好。显然，说服对方，时间可以不长，但次数一定要多。

**学心理，用心理**

厚云才能降大雨，真理才能说服人。

当论据被冠与“科学”的帽子时，而人们关注的也恰恰是这些，则人们很容易被说服。

一旦你的说服对象心思缜密，则中心途径式的说服是首选。

被赋予数据化的信息，往往具有很高的可信度，也容易说服对方。

# 中心途径

## 真理，只对在乎的人有效

说服对方，在时间频率上我们应有一定的考虑。不仅如此，如果在某种动机的引导下，人们有能力对问题采取全面而系统的思考，那么便要采取说服的中心途径。

在有关身体健康方面的广告中，比如关爱牙齿健康的广告，我们经常可以看到身穿正装，表现沉稳、专业的人士，并且用严肃、科学的口吻告诉我们存在着什么问题、应该怎样预防和治疗等。

而作为消费者的我们，非常容易被类似的标为“科学性”的广告所说服，并不自觉地将问题套用在自己身上，一经核实相似，便会购买该产品。

这所利用的正是人们对“科学”的认同，即说服的中心途径。

这一途径反映的是，人们关注的是论据。当论据比较有力且令人信服时，人们便很可能被说服。

著名的人际关系学家卡耐基遇到了难题：因讲课而租用的大礼堂在租金方面出了问题。礼堂是旅馆的，旅馆经理告诉卡耐基若想继续租用，则要支付比原来高3倍的租金。当时卡耐基已经向社会大众发出了课程通知，并且自己也不想多付钱，如何解决成了他的首要难题。他知道的是“他们感兴趣的就是他们想要的东西”，于是一场说服上演了。

卡耐基对旅馆经理说：“突然接到你们的通知，确实有点震惊。不过这也不能怪你。你是经理，让旅馆尽可能地盈利是你的责任，假如我处在你的位置，我也许同样如此，否则你的职位难保。但是，我希望你仔细考虑一下这样做是有利还是不利。”

卡耐基停了一下，接着说道：“有利的是，如果租礼堂的不是我而是办舞会、晚会的，你就可以获得很高的收益，因为他们时间不长，一次也能付比我多的租金；而不利的一面是，因为我付不起你的租金，所以我势必走人，然后找别的地方，这相当于降低了你的收入。再就是不得不提醒你的是，我的学员来自各行各业，很多是有文化、受过教育的中上层管理者，他们来这里对你来说，无疑起了免费的广告作用。而且，即使你花钱做广告，也未必能有这么多人来现场参观，所以最不合算的其实是你。”说完，卡耐基就离开了。

结果，旅馆经理心甘情愿地做出了让步。

对商业经营者来说，最重要的莫过于利弊的把握。因此，有力的利弊分析，自然让对方无话可说，卡耐基所利用的正是说服的中心途径。

相反，如果信息无力，则思维缜密的人会很容易注意到这一点，并随即反驳。因此，这是一种理性说服，但也有着一定的局限性：需要说服者拥有足够多的强有力证据，然后用符合逻辑的分析论证来赢得对方的认同；同时也需要说服对象付出相当多的脑力劳动进行分析判断是否正确。

一般来说，可以利用以下几点来增强你的说服力。

### 1. 科学的事实

针对对方的疑问、分歧或者意见，最有力的证据无非用事实来说话，也更能显现出你的论据的客观性、专业性，比如各种核心期刊上所刊载的学术论文便如此。

## 2. 利用数字增加可信度

一般来说，“以调查和客观事实为基础的”具体统计数据，往往具有很高的可信度，因为人们倾向于相信数据的客观性，比如精确到小数点后的99.9%。

## 3. 以故事或问题引入

从一个故事或一个疑问引入，然后一层层地向对方分析其中的道理，或者针对疑问一一解答，这样也可以说服对方。

## 4. 明显错误不可有

既然对方执着于论据的正确性，倘若你的说服过程中，存在一小部分错误或者一些争议性的论点，则说服将无意义，对方不可能相信。

因此，当你的沟通对象比较倾向于相信“真理”的存在时，为了达到良好的说服效果，中心途径为首选。

学心理，用心理

有时，简单、易懂的表达能容易说服对方，因为这样的信息他们更熟悉。

当你的说服对象不具备系统分析能力的时候，外周途径是首选。

所传递的信息，能引起对方情感上的共鸣，说服目的便达到了。

有时，说话快也能帮你说服对象，因为这减少了对方思考的可能。

# 外周途径

## 有时说话快比说话慢更有利

按照我们所说的说服的中心途径，我们会专注于信息本身——论据所涵盖的内容。但是，如果我们并没有关注信息，那我们将怎样说服对方或者被说服，这便是说服的另一途径：外周途径。

外周途径，即一种关注那些能让人不加思索就接受的外部线索，而不考虑论据是否令人信服等的过程 。

比如，同一意思用两种不同的话语表达，对于一个外行人来说，“不要把你所有的鸡蛋都放在一个篮子里”将比“不要在一次冒险行为中压上你所有的赌注”会更有影响力。

这是因为，简单、熟悉易懂的表达有时比专业化的用语更有说服力。因此，说服的外周途径，利用的是一些直观的、浅显的和通俗易懂的表达方式，是从人的情感、感觉和价值认可等方面出发的。

如果你喜欢某个影视明星，恰巧看到了其所代言的产品，你会不会走进超市，寻找这一产品，然后买下？很多人会。

如果让你来读一篇你完全不懂的某专业领域的文章，然后判断这篇文章的水平，那么你会怎么判断？一般来说，很多人会看不懂，但他可能会根据这篇文章的流畅程度和修辞水平来进行评判。

所以，当你的说服对象不具备系统分析能力的时候，外周途径是你不错的选择。这一点，在贝尔电话销售中有着很好的体现。

在电话还未普及的时候，为了促进人们购买电话，贝尔电话公司做过一个非常经典的广告。

傍晚时刻，一对老夫妇正在餐厅吃饭时，家里的电话铃响了，老太太去客厅接电话。然后回来，老先生问道：“谁啊？”老太太说：“女儿打来的。”“她有什么事吗？”老先生问道。老太太说：“没有。”老先生又疑惑地问道：“没事，怎么会几千里打来电话？”老太太哽咽着说：“她说她爱我们。”顿时两人相看无言，激动不已。

接着，广告中出现旁白：“用电话传递您的爱吧！贝尔电话，亲情无限。”随后，贝尔电话销量大增，用温情促进了人们的消费。

没有电话性能、质量上的宣传，仅仅是亲情、爱的表达，便引起了人们的情感共鸣，说服的外周途径发挥得淋漓尽致。

那么，哪些方法可以促进外周途径的发挥呢？以下几点可以帮助你更好地实现说服。

**（1）加快语速**

心理学研究发现，当一个人说话速度比较快的时候，其可信度和可靠度自然提升，同时也会让人感觉这个人很聪明，很有自己的观点。事实上，这种较快的语速除了无法让对方有足够多的时间来推敲外，还减少了不利思维的产生，所以有时越是说话快的说服者其就越有说服力。

### （2）巧用经验

经验，是人们从生活中所获得的关于事物因果关系或属性状态的知识或总结。它是对事物的一种概括性的判断和结论。

但是，经验在沟通说服中的力量是不可轻视的。每个人的大脑中都存在着对一些事物的个人经验，并且这些经验影响着对相关事物的判断。因此，如果在沟通说服中，发现对方认同某些经验，或者是利用自己的经验，能让你的说服变得简单起来。

当然，经验毕竟是主观性的产物，并不能保证其绝对的正确性，因此应尽可能地利用那些比较有把握的经验。

### （3）利用专家身份

人们往往愿意听从权威人士、专家的意见，而非普通人。如果你拥有某项专长，那么一定要把你的身份展露出来，这是一种无形但确实存在着的说服力。

比如，在一项大型会议的正式开始前，主持人会详细介绍嘉宾的身份和背景，这样做的目的一方面是为了树立嘉宾的专业权威，另一方面则是为了避免嘉宾上场后，听众不知其身份而造成的现场骚乱、无人听讲及不耐烦等现象。

由此看来，你的说服内容有力与否并不是最重要的，因为人们完全可能并不依次去仔细思考。另外，采用说服的外周途径相对比较容易，因为这种方法利用了人与人之间感性的力量，只要说服者的说法符合人之常情或者人们通常的经验、惯例，就会比较容易让说服对象感同身受，从而达到说服的目的。

**学心理，用心理**

相反的观点，有时并不存在，是你自己的所想而已。

只说明与自己观点有利的一面的信息，这样的说服很简单，但要考虑对方的文化背景。

当你面对的说服对象文化程度不高时，采用单面说服的效果会更好。

# 单面说服

## 不用理会相反的观点

说服是一种艺术，当你尝试说服对方时，在开始之前你便已经估计到可能出现的相反观点，那么你会被这些潜在的相反观点所“吓倒”并停止说服吗？

也许你会说：“不会，我已经想好了应对之策。”但是，存在着这样的一个问题：你是否真的遇到了来自对方的反对意见，还是说这些反对意见其实只是存在于你的头脑而已，并不是对方所说出来的话。

一则广告，宣传的是最新款的产品上市。广告的大致内容是在说明本款新品的优点和所能达到的效果。A使用该产品已经有5年的历史了，当她看到这则广告时，她高兴地点了点头，并没有任何迟疑或怀疑的表情出现。

广告宣传，一般是宣传自己产品的优势所在，如果被说服者本身对该产品持支持、赞同态度，那么此时新品的宣传，仅仅是优势方面的宣传已经足够了，并不用理会相反的观点。

这是心理学中的单面说服原理，指的是在说服别人相信自己的观点时，只说明与自己观点有利的一面的分析和论证即可。

因此，有时是我们自己头脑中的想法影响了我们的正常沟通。事实上，当对方本身所持有的态度是赞同时，我们仅仅采用单面说服就可以了，并不用理会包括自己头脑中的那些相反观点，这是单面说服最明显的特点。

其次，对一个人是否采用单面说服，还要考虑其学历文化背景。

第二次世界大战末，当德国人投降以后，美国军队不希望士兵因此而放松接下来对日本的战斗，但不知道应采取何种说服的宣传手法。

于是，心理学家给予了最后的帮助。心理学家设计了一项实验，即对一部分士兵进行“单面宣传”，强调各种对美军不利的因素，比如日本军队如何斗志高昂，战争将会拖延持久；而对另一部分士兵进行“双面宣传”，既强调战事会延长，同时也证明自己的优势，比如盟军的力量，也就是正反两方面的说服。当然，实验前心理学家对士兵们所抱持的态度进行了问卷调查，然后采取了不同的说服策略。

结果发现，学历在高中以下的士兵，接受“单面宣传”的人要比接受“双面宣传”的人多15%；相反，学历在高中以上的士兵，接受“双面宣传”的人比接受“单面宣传”的人要多14%。（注：双面宣传是下节内容，暂不论述。）

这所说明的是，学历、文化程度相对低的人更容易接受单面说服。也就是说，当你面对的说服对象文化程度并不高时，采用单面说服的效果会更好，但这并不一定绝对化。

另外，单面说服在小学低年级的师生沟通中自然而然地发挥着作用，并且是最好的说服策略。

一位小学低年级的老师这样说道：“小学低年级的学生还不具备完全地自我分析、辩证的能力。这样一来，当我向他们传授知识时，如果我是直接传授的某些正确的、科学的知识，那么他们的接受能力非常好，并且也不会问我为什么。但是，如果我先说明如何是错误的，即以反面例证的方式先引入，然后再告诉他们正确的知识时，学生们很多时候就被绕晕了，因为他们非常容易接受之前的说法，却不容易转过弯来接受最后正确的知识。”

用单面说服，便能让学生们轻松接受知识，而正反两方面的说服方式反而不得其效。所以单面说服，有时便自然而然地起着作用。身为说服者，自然不用理会与此相反的观点，但这并不是说正反两方面均涉及的说服之策不重要。

**学心理，用心理**

一旦对方说出与我们相反的观点，我们会努力证明对方观点的错误。

有时，承认缺点，反而能更好地说服对方。

双面说服，抢先说出的是对方内心已出现的想法，并且是相反的想法。

双面说服，是建立在了解的基础上。

# 双面说服

## 抢先说出对方想说的话

如果你的沟通对象所持有的是和你相反的观点，那么你将如何说服对方？一旦这样的情况出现，人们经常会绞尽脑汁地试图证明对方观点的错误，但多数情况下并不奏效。

那么，如何处理相反的观点呢？

沃纳等人做了一项实验，研究者在犹他州立大学教学楼的垃圾桶上贴上了两种标签。一种是："请不要将铝制罐头盒投入垃圾箱！请将其投入一楼入口处的回收箱。"另一种是："请不要将铝制罐头盒投入垃圾箱！这样做可能会给你带来不便，但这的确很重要！"

结果发现，第二种标签所带来的回收率达到了80%，是第一种没有任何其他信息时的两倍。

一般来说，让人们把垃圾罐放入回收箱里——这是你的说服目的，但这一说服性标签很难起作用，因为人们存在着排斥、惰性等的相反心理。但是，承认人们的这种排斥、相反观点，即第二种标签，或许你认为会削弱自己的说服目的，事实上却能消除、减弱他们的戒心和排斥心理。

这即是说服中的双面说服原则。

我们所接触到的大多数广告，都是在证明着自己产品的优点和独特之处，然而消费者会不自觉地对这一说法产生怀疑：真的是这样吗？

因此，英国某家刀片公司便设计了一则不同的广告：“我公司的刀片十分锋利，经久耐用……缺点是易生锈，用后需要擦干保存才能久放。”

正如人们听到的常规广告（讲述产品的优点）一样，当听到刀片的优点时，人们自然会产生疑问：“真的这么好吗？真的耐用吗？”然而，该广告抢先说出了消费者想说的话——缺点亦在，但只有知道了缺点，才能懂得更好、更正确的使用方法，自然延长使用寿命。

同样的说服之道，在日本的一家运动衫的广告中也体现着。

日本的一家运动器具公司所制造的运动衫都会附有一张说明书，上面所印的内容是：“本品使用的是本国最好的染料，染色技术更是本国最优秀的。不过遗憾的是，酱紫色之类的颜色至今仍然没法做到永不褪色……”

这一广告并没有减少消费者的购买，反而是赞不绝口、非常推崇。试想：又有几家公司的产品能做到不褪色呢？又有几家公司会直接告诉消费者产品的缺点呢？

因此，当向对方呈现一个有说服力的信息时，同时承认并回应其所附带的相反观点，说服力可以大大增加。

双面说服，抢先说出对方内心已经出现的想法，并且大多数是相反的想法，可以获得意想不到的效果。但是，双面说服并不是那么容易实现的，若使用不当，则非常容易反效果。因此，如果你想在说服对方时使用双面说服，则以下几点是你所需要考虑的。

### （1）被说服者的已有态度

不管你持有什么观点，人们总是愿意接受与自己态度一致的观点，自然会倾向于拒绝和抵触与己不相吻合的观念。因此，当消费者已经明确持有某种观点时，那么如果你恰巧试图改变对方，即采用双面说服原则会事倍功半，这时也许尊重对方的坚持才是最好的选择。

**（2）被说服者的受教育水平**

一个人的受教育水平会影响他的判断。受教育水平越高的人，一般来说，其思维能力、判断能力也会越强，能采用比较客观、辩证的观点来看待事物，甚至会倾向于一分为二地看待事物。因此，了解对方的教育背景，便自然有了双面说服适合与否的判断。

**（3）信息来源的可靠性**

如果信息的来源比较可靠、可信，则不宜使用双面说服，比如信誉度高的媒体、令人可信的数据调查；相反，如果信息来源本身并不可靠，则应用双面说服的方法，比如个人的估计、宣传单等。

**（4）知识经验的影响**

一个人的知识经验越丰富，则用单面之词来说服他的可能性越小。比如，对方已经对你所说的某一领域的行情非常了解，并且内心倾向于不乐观，那么尽管你可能给出了充足的有利证据，想说服对方投资加入，则可能性很小。相反，客观的利弊分析，反而有可能说服对方。

学心理，用心理

一个小的要求，人们一般不会拒绝；而一个大的要求，直接提出来，人们却可能直接拒绝。

一旦对方答应了你的小的要求，那么更高的要求也有了答应的可能，并且是自愿答应的结果。

如果你的请求较高、较难，不妨“退一步”从小要求开始求得“帮助”。

# 登门槛效应

## 让对方自愿服从的捷径

一般而言，人们很少会突然、冲动地或有意识地做出某种决定，人们通常不会立即做出决定说：“我会答应你的要求，你说的没错。”相反，人们更有可能拒绝对方的某种要求或者说服性的目的。

那么，如何才能让对方自愿地或者是在不自觉地过程中被说服呢？心理学家弗里德曼和弗雷瑟做了一项研究。

研究者假扮成说服人们安全驾驶的志愿者，他们直接来到一些加利福尼亚人的家里，并请求他们能在自家院子前放置一个巨大的、粗糙的并且有点难看的“安全驾驶”的标志牌。结果，只有17%的加利福尼亚人答应了这一请求。

然后，研究者来到了另外一部分加利福尼亚人家里，不过这一次研究者请求对方先帮一个小忙：在家里窗口位置放置一个3英寸（1英寸=2.54厘米）的“做一个安全驾驶者”的标志，几乎所有的人都答应了。两周后，研究者再次来到这部分人家中，提出了放置“安全驾驶”标志牌的要求，结果，76%的人同意了这一要求。

这便是心理学家所发现的登门槛效应，指的是一旦人们答应了他人的一个较小的要求，当对方进一步提出更高的要求时，人们为了避免留下前后不一致的印象，即使内心可能不愿意也会答应这一要求。

早在《伊索寓言》中，便有着这样一个利用登门槛效应的故事。

风雨交加的夜晚，一个乞丐走到了一家富人门口。“滚开！不要来打搅我们！”不等乞丐走近仆人便吼道。乞丐说道：“我太冷了，我只想在你们火炉旁烤干衣服，可以吗？”仆人一想这很简单，便答应乞丐，带着他到厨房烤火了。乞丐把衣服烘干后，对厨娘说道：“我可以借用一下你的锅吗？我只想用锅煮一点石头汤。”什么是石头汤？厨娘疑惑，便答应道：“我想看看用石头怎样做成汤？”于是，乞丐捡来了石头，洗干净后放到锅里煮，“可是，我总得放盐吧！”他自言自语地说。厨娘因为好奇也答应了这一要求，后来又在乞丐的一次次要求下给了豌豆、薄荷和香菜，甚至不知不觉把肉末也给了乞丐。最终，乞丐的“石头汤”就这样做成了。

乞丐从跨进富人的门开始，到最后的“石头汤”的享受，每一次无不是对方自愿被说服的结果，也正是登门槛效应的确切体现。

心理学家认为，这一效应的产生是源于人们希望在公众面前保持前后一致的心理。具体来说是，人们都希望自己在他人眼中是言行一致的印象，并不希望被他人认为自己表里不一、变化无常。因此，如果一个人向自己提出微不足道的请求时，一旦人们接受了，那么在随后的越来越多甚至越来越过分的要求中，人们为了保持自己前后一致的良好印象，人们就会继续答应对方的要求。另外，这种要求总是循序渐进的，会让人们全然不自觉地被说服，从而背离了自己最初的“可能的不答应”。

一个男士遇上了自己喜欢的女士，他会展开追求，但为了避免直接说出口而被女士拒绝，他选择了从聊天开始；一定时间之后，他提出约会请求；然后确定恋人关系，再后来是求婚、走到一起……

这可以是一种登门槛效应的表现，站在说服的角度，这也是双方相互被说服的过程，并且是自愿的结果。

在沟通活动中，如果你想向对方提出某项请求，那么你应考虑的是你的请求的难易程度。如果请求较高、较难，则不如“退一步”求得“帮助”，因为人们总是试图避免那些需要耗费巨大时间、精力且也不易获得成功的要求，而却对那些较小的、比较容易的请求没有“拒绝之力”。

因此，身为沟通活动的说服者，有时不一定要一次达到目的，分阶段地、着眼于小目标的开始，很有可能赢得对方的自愿答应。

学心理，用心理

你的真诚度，将直接影响信息的可信度。

真诚，所换来的亦是真诚，这是一张免检的通行证。

真诚很多时候表现在你的肢体语言上，比如姿势、眼神等。

点头，是一种积极的回应，也是你表达真诚的“帮手”。

# 真诚原则

## 免检的通行证

美国心理学家安德森在 1968 年做了一项颇有趣味的实验调查。

研究者筛选出 500 个描述人的个性品质的形容词，并组成一张调查表，然后所有参加调查的被试需要在这张表上选出自己最喜欢的品质，之后再选出自己最厌恶的德行。

经过调查和统计分析之后，结果显示：在被试最喜欢的 8 个形容词中，有 6 个是直接与“真诚”相关的，分别为真诚的、诚实的、真实的、忠实的、信得过的和可靠的；而撒谎、虚伪、作假和不老实是他们最厌恶的品质。

也就是说，真诚最受人欢迎，不真诚最惹人讨厌。

真诚，被人们列为了最为重要的品质之一，毫无疑问，一个人要想在与他人的沟通中成功说服对方，真诚是必须有的一种品质。

为什么人们如此地看重真诚？从下面的案例中我们可以找到一些端倪。

弗莱明是苏格兰的一个穷苦农民，一天他救起了一个掉到深水沟的孩子。第二天，一位气质高雅的绅士来到了他家，绅士说：“我是你昨天救起的孩子的父亲，今天特地向你表示感谢。”弗莱明说：“我不能因为救起你的孩子就接受报酬。”刚好弗莱明的儿子从外面回来，于是绅士问道：“他是你的儿子吗？”弗莱明非常自豪地说：“是。”绅士说：“我们定一个协议吧，我带走你的儿子，并让他接受最好的教育，假如这个孩子能像你一样真诚，那他将来一定会成为让你自豪的人。”弗莱明答应了这个协议。

数年之后，弗莱明的儿子学医毕业并发明了抗菌药物盘尼西林，成为了闻名天下的弗莱明·亚历山大爵士。更为重要的是，他所发明的药，救了身患肺炎的绅士的儿子，而他正是二战时期英国著名的首相丘吉尔。

假若你以善意待人、以真诚待人，他人也会以善意回报、以真情回馈，这和我们经常所说的“将心比心、以心换心”是一样的，弗莱明的真诚便是如此，更为重要的是，他的儿子也同样如此，这无疑是真诚的传递。

本杰明·富兰克林曾说：“一个人种下什么，就会收获什么。”同样的，如果你想说服你的沟通对象，但你的表情显示的却是狡猾、不怀好意，则人们无论如何也是不想相信你所说的话。因此，真诚并不是写在脸上的，只有那些发自内心的真实才可以。

联邦快递中国副总裁钟国仪先生在总结自己对沟通的认识时说：“刚开始工作时，基本上是‘我讲你听’的模式；后来是‘多听少讲’，但在对方讲话时，我就在开始想‘我如何去反驳’，其实根本没有在听对方讲。直到有一天我才真正明白了如何真正地听：把自己放在对方的位置上，用心去听对方的讲话。”

用“心”去听，是我们真诚的确切体现，因为每个人都希望和自己沟通的人是真心实意的。那么，如何真正地用“心”来实现说服的效果呢？美国著名沟通技巧培训师唐·加博尔对此有话说。

唐·加博尔认为，正确的沟通模式在个人形象上应该表现为 SOFTEN 反应模式，即S=Smile（微笑）、O=Open（开放）、F=Forward（前倾）、T=Touch（接触）、E=Eye（眼神）、N=Nod（点头）。具体来说如下。

### 1. S——微笑，你内心沟通愿望的体现

微笑是接纳的一种标志，能带给人安心的感觉，能让对方消除警戒心，从而为说服打下基础。

### 2. O——姿势开放，你坦诚的显示

双臂张开与否，能表现出你的坦诚与否。一般来说，张开双臂而非双臂交叉紧握，能表明你的坦诚无私的胸怀，更是全身心的投入。

另外，不要将手交握于身后，这样会让人产生隔阂感。留意到这些细节，你也可以依次来判断对方处于什么状态。

### 3. F——身体微倾，你专注和尊重的展现

身体微倾，既可以表示自己和对方距离很近，也可以表明你正在认真听对方讲话，并在为自己的说服寻找条件。

### 4. T——接触，友好和热情的象征

人们在沟通时往往会忘记一些体态语言的辅助，比如主动伸出手与对方握手，伸出手拍拍对方的肩膀等，这些看似简单，但却能向对方传达自己的友好和热情，从而有可能让对方在不自觉中被说服。

### 5. E——眼神交流，一种内心体验的外显

眼睛可以传递彼此对沟通的体验，正如爱默生所说的：“人的眼睛和舌头所说的话一样多。不需要字典，就能够从眼睛的语言中了解心灵世界。”因此，在你试图说服对方的过程中，你的眼睛必然不能离开对方的视线范围。

### 6. N——点头，一种积极的回应

心理学研究结果显示，如果聆听者每隔一段时间就向说话者做出点头的动作，不仅可以激起说话者的表达欲望，而且更有可能被说服。

点头，表示你在专注对方，你理解对方的意思，甚至是同意对方的观点。因此，观察对方是否有点头动作，可以判断对方对你的认同程度。

沟通用“心”开始，是表现真诚的开始，也是说服对方的一张免检通行证，这些是不可缺少的部分。

学心理，用心理

不做之前，你会有一个态度；而做之后，你可能又有一个态度。

如果对方一开始并不接受你的观点，那么还是让对方通过行动来信服吧。

对新的行为的习惯化，对方的态度也自然改变，说服目的也自然实现。

一个人做出什么行为，背后一定有某种态度在支持着，并且态度会受到行为的影响。所以，从行为开始说服，也许是一个不错的选择。

# 态度依从

## 行为一开始，态度随之改变

从一个经典的心理学实验开始——美国白人对黑人的态度转变研究，源于心理学家费斯廷格的实验。

实验对象是美国黑人和白人杂居区中的一些黑人和白人为邻居的人们，尽管互为邻居，住得很近，但平时并无往来。研究者设计了三种情境：第一种是邀请白人和黑人一起玩纸牌游戏；第二种是让白人和黑人一起观看别人玩牌；第三种是双方同处一室，但并不有意组织任何共同参加的活动。

结果显示：在三种情境下，白人对黑人显示出不同程度的友好态度，分别是 66.7%、42.9% 和 11.1%。

很显然，通过行为，人们的态度发生了很大的改变。而相反，假如行为并没有什么变化，如第三种情境，人们的态度便可能不会有太大的变化。

这要告诉我们的是，在试图说服对方时，可以尝试用行为、行动来改变对方的态度。这是心理学中的一种态度依从现象，即人们通常会把那些自动的、公开的和反复的行为内化为自己的态度，并持续下去。

这种态度依从现象，在心理学的一项催眠实验中也得到了证实。

在催眠状态下，催眠师要求被试当听到一本书掉到地上时脱掉自己的鞋子。15分钟后一本书掉到了地上，被试非常平静地照做了。然后，当被试被唤醒后，催眠师问他："你为什么要脱掉自己的鞋子？""嗯……因为我的脚很热也很累，已经一整天了。"被试说道。

催眠状态下，被试只是按照催眠师的指令做出了脱鞋的行为，然而清醒之后的解释，却发生了很大的改变——被试并不知道自己为什么脱了鞋子，但行为影响了其态度，让被试做出了一些解释上的转变。

和我们熟知的"实践出真知"一样，如果我们对对方的说服和对方的态度发生了分歧，则用行为、用行动或许可以让对方化反对为赞同。这一策略，在我们日常生活中的很多领域里得到了运用。

某商场为了实现柜台服务文明化，开始推行文明用语、统一着装、挂牌服务及配套的服务评判器等措施。刚开始，员工并不愿意接受这种变化，认为这样太拘束、太不舒服。尽管如此，商场辅以行政命令和奖罚规定，让员工不得不照做。一段时间后，员工对此行为慢慢习惯化了，并且服务态度也有了明显的改善，在客户满意度上也得到了不错的评价。

设法改变对方的原有行为，使其成为一种习惯反应，态度便自然发生改变，说服目的也自然实现。

再比如，有一位班主任的班里有着这样一个"问题"学生，成绩不好，受到同学冷落，行为懒散，迟到更是经常的事。这位班主任设计了一个"行为"，来尝试改变这个学生的学习态度。

班主任找来该学生说道："每天早晨同学们来上学时，一些早到的同学经常不能进教室，因为拿钥匙的班长的家离学校比较远，不能那么早到。如果是夏天还好，这冬天太冷了啊。"班主任顿了顿接着说道，

“这个问题怎么解决呢？你能不能帮老师想想。”

学生马上说道：“老师，我有办法，把钥匙给来得最早的那个同学吧。”班主任随即附和道：“对啊，可是，谁能保证天天第一个到校呢？”不等老师说完，学生便接道：“老师，我能，我家离学校很近。”班主任迟疑了一下，学生接着说道：“我行的老师，您相信我吧，我保证第一个到。”于是班主任笑着说：“那好，我们大家等你来开门。不对，是你开了门等大家。”

随后的日子，这个学生说到做到，再也没有迟到，不仅最早来到教室，而且学习成绩也有了明显改善。

透过行为，班主任让这位“问题”学生转变了态度。这样的说服方式，是让对方发自内心地、真正地接受和改变。

一个人做出什么行为，背后一定有某种态度在支持着，并且态度会受到行为的影响。所以，说服对方接受自己的某些观点，可以从行为开始说服。

**学心理，用心理**

团体的力量很强大，可以让人们不自觉与团体保持一致。

利用团体的力量，你可以强调一下"大家都……"从而带来说服的效果。

如果没有团体可利用，你可以试试制造出一个团体效应来。

利用团体，也要区分团体本身的性质、影响力，不要选择影响不好或者弱的团体。

# 团体效应

## 团体的力量是强大的

曾有人记录了这样的一个镜头。在军训时，如果被教官罚跑的是某一个学生，则其跑步的动作看起来非常吃力，一圈下来，就会气喘吁吁。相反，如果是整个班集体热身跑圈，三圈下来，学生们并没有什么特殊反应，更不用提累了。前后的差别竟如此明显。

事实上，这正是团体效应的结果。所谓团体效应，即人们自觉不自觉地与团体保持一致，并做出判断，形成一致印象的心理变化过程。美国心理学家米尔格拉姆用实验证明了这一效应的存在。

首先，研究者雇用了一些人作为被试，告诉他们实验的内容，然后让被试在纽约的大马路上集合，并故意地朝着一幢大厦往上看，以便观察过路人的反应。

结果发现，抬头看大厦的实际人数越多，路人的反应也越大。如果有三个被试同时抬头看大厦，大概有六成的过路人也抬头往上看；如果有五个以上的被试如此做，约有八成的行人停下来，然后形成一个群体观望的现象。

从这个实验可以看到，人们都有着这样一个倾向：希望与他人相同或者说希望与他人采取同样的行动。也就是说，团体的力量是强大的，它可以影响甚至改变人们的言行，可以引导个体与大多数人保持一致。

居民生活委员会管理人员要调查本小区居民是否同意为残障人士建立一个娱乐休闲中心。管理人员在询问时，会说这样的一句话："您同意这项活动吗？咱们小区的住户都表示支持、响应。"听到这话的住户，几乎都同意此项活动。

相反，当管理人员的询问方式是"请您协助我们做一项调查，在这份调查表上填一下您的意愿吧"，结果只有半数的人选择了支持。

人们总是喜欢和团体保持一致。管理人员的第一种询问方式，无疑显现了团体的力量；而第二种让团体模糊化了，人们的选择也被分散了。

所有这些要说明的是，我们在试图说服他人时，可以适时地利用这种效应，实现说服对方的目的。

利用团体效应，首先应知道的一种操作步骤是：先举出他人同样做了某件事的例子，然后运用"大家都……而去……""某某和某某都……"等一连串体现团体倾向的话语来激发对方的效仿心理。

身为班主任，为了让学生拥有集体荣誉感，可以这样激励学生："大家注意到了吧，咱们年级中已经有两个班得到卫生环境优秀流动红旗了。还有最后一面，咱们班能不能得到，就需要所有人的共同努力了。如果有一个学生的卫生做得不彻底，就会影响整个班级的辛勤劳动……"

这样说了之后，学生们自己并不想成为这"卫生不彻底"的一个，而争着向"共同保持卫生"的大方向靠拢了。

通常，个体受到这类刺激后会很容易做出判断——向团体一致的方向靠拢，而丢掉自己可能存在的不一致的看法，这时你便可以再继续说服，成功实现预期的沟通目的。

其次，在说服他人时，并不可能总是有那么一个团体可以被我们利用，因此我们可以巧妙地制造某个团体效应。

想说服他人同意自己的某项决定，可以找多个人讨论一番，征得大多数人同意后，再把最后的决定告诉对方，面对这“全体的意见”，即使对方并不满意，很大程度上也只有接受的份儿了。

比如，A周末想和朋友去游乐场玩，但他知道父亲肯定不同意，因为自己有些恐高、眩晕症。不过，A并没有放弃。他先和母亲、爷爷和奶奶沟通了一番，并保证一定不玩那些容易眩晕、极速的游戏，母亲等绕不过他的央求，最终同意了。于是，A转向对父亲的说服，和预料的一样，父亲不同意，A便“搬出”了母亲等人的同意，而且母亲还主动来帮他说话，父亲没有办法，只能同意并嘱咐了一通。

一般情况下，事情的决定是以多数人的意见为准的，而人们是无法抵抗团体的力量，这时自然是被多数人说服。

团体的力量可以帮助我们达到说服的目的，不过需要注意的是：如果你传递的团体力量是不好的、不良的，事情往往也会向糟糕的方向发展——说服失败，并且对方会把你归为这个团体中；如果你传递的是好的、优秀的团体力量，说服则水到渠成、事半功倍。

**学心理，用心理**

同伴、同辈、同人……所有这些同侪的存在，自然而然地影响着人们的选择。

同侪压力，可以是身边的，也可以是不认识的人，但终究可以是说服可利用的点。

同侪压力也可能带来的是负面效果的说服，比如青少年的酗酒、抽烟等。

我们会倾向于和同侪保持一致，为了避免负面的影响，我们的说服出发点也应该是好的。

# 同侪压力

## 其他人如此，对方也会如此

每个人都会受到周围人的影响,团体是一种整体意义上的影响,而其他人——可能并不一定是同一团体中的人——也在影响着人们，其中比较明显的“他人”，便是同侪。

所谓同侪，即一个人的同辈，可以是你的朋友，也可以是你所认识的其他孩子，甚至是泛指意义上的所有与你年龄相当的人。而同辈的一言一行，有时会像无形的网一样罩着你，让你无法摆脱，并受其影响而改变自己的言行，这便是同侪压力。

追求身体的美——瘦，曾一度成为少女对自己体重关注的原因，她们关注他人对自己的看法，关注同龄人的表现，其中节食便是受到同龄人压力而做出的选择，并且相当一部分人说自己的朋友也在节食。

女性选择节食，事实上并没有受到明显的他人的说服，而是同侪压力无形影响的结果。

同侪压力，可以是有形的——直接说出或做出来而产生的；也可以是无形的——只是感觉到了，并没有见到真正的行为者，自己便照做了。所以说，你身边的同龄人非常容易影响你的决定。而这一点对说服者来说，不得不说是一个说服对方的可利用的点。

90后，被称为不按常理出牌的一代，他们有自己的想法，有自己的崇拜对象，有自己的生活方式……受这一影响，李宁体育用品公司也推出了自己的“90后李宁”。

90后李宁，在品牌标志、宣传语等设计上均有了一定的变化。据李宁品牌公司首席产品官所说，他把自己的大部分工作重点放在了与年轻消费者——90后的沟通上了。他让设计师们走到消费者家里了解其生活方式，还特意为年轻的消费者设立了500元的预算，让其挑选搭配出自己所喜欢的潮流装扮，结果非常不一样，其中最让人印象深刻的是一个20岁的年轻人，把钱直接拿去付了房租。因此，90后李宁的品牌设计要凸显这些个性信息。

站在同侪压力的角度，1990年诞生的李宁品牌的确是“90后”。受90后的影响，李宁为自己的品牌发展选择了一条吻合90后个性的路，很明显，一种无形的说服发生了。

同样的效果还体现在一些汽车营销策略之中，比如下面的A便遇到了这样的情况。

已步入中年的A，事业渐趋稳定，家庭生活也非常美满，最近他想买一辆代步工具——汽车。

来到汽车4S销售店，他刚转了没多久，一位销售员过来开始和他交谈：“先生，您确定哪一款了吗？”A没有说话，摇了摇头。

于是，销售员说道：“那不妨我给您推荐一下。据我们的观察，跟您年龄差不多的人，最近拿走的一般是×××款，你也可以考虑一下。”A问道：“是吗？有几个人拿的那一款啊？”“差不多七八个人了。我想，和这几个人一样，您也想要一款安全性能不错的车吧，毕竟像您这个年龄的人，图的就是一个安全。”“那倒是，没有什么比安全更重要的了。”A回应道。销售员趁机道：“就是啊，那您不妨和我去F区看看这一款车。”A没有回应，但眼睛已经随着销售员指的方向望去了。

结果，A去看了这一款车，并且最终确定要的也是这一款车。

来自同龄人的压力，不仅是年轻人有，而且中年人、老年人也同样有。销售员的说服策略正是利用A的同侪压力的影响。

但是，我们并不能忽略的是同侪压力也有缺点存在。迫于同侪压力，人们有时做出了并非本意的选择，比如，青少年的酗酒、抽烟或打群架等行为，很可能并不是自己想这样做，而是迫于其他人的无形压力——避免被孤立、被看不起——而选择的结果。

很多情况下，我们对同龄人有着区别于长辈或者小辈的感情，比如对长辈更多的是尊敬，对小辈是关心，而只有同龄人能更多地影响着我们的一言一行。因此，个体会倾向于选择与同龄人保持一致，即使不是自己的意愿或者是错误的行径。但是即使如此，我们在试图说服对方时，出发点依然应该是正确的，而非那些歪曲事实的说服目的。

学心理，用心理

某一些方面比自己强的人，会影响我们的选择，这也是说服可利用的一点。

“人微言轻，人贵言重。”正是差距所在，也让人们自动被“贵者”所说服。

人们服从于权威，是为了减少出错的可能。

权威并不是绝对的权威，他也会出错，说服对方不能完全依赖于此。

# 权威影响

## 人微必言轻，人贵必言重

人们容易做出和他人一致的决定，从而使他人成了我们说服的中介力量。不仅如此，人们还往往容易相信在某些方面比自己强的人，其中，权威便是最有代表性的。比自己强的人，他们会影响我们的选择，这也是说服时可以利用的一种方法。

心理学家曾做过一个实验。在给某大学的心理学学生讲课时，介绍了一位从外校请来的德语教师，并称这位德语老师是德国的著名化学家。然后，这位“化学家”向学生们展示了一个装有蒸馏水的瓶子，并说这是他新发现的一种化学物质，有气味。并请在座的学生闻到气味的举手，结果多数学生举起了手。

但事实是，并没有所谓的“有气味”，学生们为什么会做出假的反应？

这便是权威效应，指的是一个人如果地位高、有威信、受人敬重，那么他所说的话及所做的事便会容易引起别人的重视，并相信其正确性，即“人微言轻，人贵言重”。案例中的“著名化学家”的身份便是如此。

在一定程度上，人们自己和所称为的“权威”本身存在着一定的差距，这便让人们容易相信权威的正确性，并倾向于认为按照权威的要求去做，会得到各方面的赞许。

基于这样的心理，在说服他人的过程中，我们可以利用权威来强化自己的说服内容，轻松赢得对方的赞同。

在航海史上，哥伦布航海的成功影响了很多人。但也使一些骗子挂着航海的招牌，却做着骗取皇室的信任、骗取皇室的金钱的行径，因此这让国王对所谓的航海家产生了怀疑。

然而，著名的航海家麦哲伦的环绕地球一周的航行，也是获得了西班牙国王卡洛尔罗斯的支持开始的。原来，麦哲伦邀请了著名的地理学家路易·帕雷伊洛和自己一起劝说国王。

路易·帕雷伊洛，是人们公认的地理学界的权威，国王对其的信任自然也不例外。路易·帕雷伊洛向国王阐述了麦哲伦航海的各种好处和必要性等，最终让国王毫无意见地同意了此计划。

权威——路易·帕雷伊洛，让麦哲伦对国王的说服轻松实现。心理学研究发现，人们都有一种安全心理，即人们服从于权威人物，会让自己有安全感，减少出错的可能。再就是，人们往往对权威有一种认可心理，即按照权威的去做会得到大家的认可，避免被大家所不认同。

如此看来，在说服对方的过程中，我们是有必要利用权威的影响来帮助自己实现说服目的。这一点在众多的领域宣传中可以看到。

比如，利用领导的权威影响，来引导和改变下属的工作态度和行为；利用医学界的权威，来为某品牌牙膏做广告；利用学术界的名人、学者的题名，来为自己的学校、商场或者照片等做宣传。这些一般都能起到很好的效果，自然也是权威效应在起作用。

但是，权威的一言一行并不一定都是绝对正确的。

17世纪，研究科学的人都十分地信奉亚里士多德，并把他的话当作不容更改的真理。比如，亚里士多德说："两个铁球，一个10磅重，一个1磅重，同时从高处落下来，10磅的一定先着地，速度是1磅的10倍。"

然而，伽利略却对亚里士多德的这句话产生了疑问，并证明了亚里士多德这句话是错误的。一时间，伽利略成了人们冷嘲热讽的对象。

但是，伽利略用实际行动证明了亚里士多德的错误，并也让人们亲眼看到了事实：两个球同时着地。此时，人们才明白，原来像亚里士多德一样的"大人物"，所说的话也不全是正确的。

因此，我们并不能过于迷恋权威，他们未必是完全正确的。那么，如何让一个权威来正确地为自己的说服服务呢？以下三点可以参考。

（1）确定所用权威的客观性和真实性；

（2）选择与说服内容相关的"行家里手"，不要见名人即用；

（3）尊重和维护所选权威的声誉；

（4）适当地标新立异，不要和所有人一样，以便产生独特的说服效果。

权威，固然影响着人们的选择，但并不能因此而随意"滥"用，做些调查、做些客观评价是必要的。

第8章

# 你如何改变对方Ⅱ：冲突协调守则

沟通不畅，冲突便有可能产生。

无论是对方的原因，还是沟通话题的不恰当，抑或是其他，冲突犹如事实一样到来，这并不是我们沟通所想要的结果。如何协调，重新达到和谐状态便成了重点，也是本章的重点。

学心理，用心理

不信任，是沟通中冲突发生的一大根源。

沟通中出现冲突，并非一方获益另一方就受损，而可能是双方皆损。

很多冲突中真正对立的内容只是核心处的一小部分，更大的问题来自于人们对对方动机和目标的某种误解。

在适当的时候激发冲突，可以避免冲突行为最终的、持续的破坏性扩张，以促进问题的解决，达到最好的沟通效果。

# 冲突理论

## 人们总是夸大了冲突的实质

沟通不可避免地会遇到冲突。面对冲突，人们所持有的态度影响着解决方式，也决定着沟通成效的好坏。在西方很多国家的领导人中存在着这样的一种态度。

> 我们的国家向来是爱好和平的，但是与此同时我们也注意到的是：其他国家拥有的新式武器对我们造成了威胁。基于此，我们需要保护自己以免遭受别国的攻击。也只有这样，我们才能拥有我们想要的生活方式和实现长久的和平。

人们发表自己爱好和平的同时，也表达着对其他国家的不信任，并在这种“不信任”之下，组织扩大自己的军队力量。因而可预测的结果，便是越来越多的冲突事件的发生。

冲突，即两个或两个以上相互对立的需要同时存在而又处于矛盾中的一种心理状态。发生在不同层面的冲突——比如员工和领导者因工资问题发生的争吵、路人甲撞倒你的冲突——表现形式或许不一样，但是一旦发生，不论最终如何解决，人们必然有的一种观点是：一方的获益就是另一方的损失。并且人们都想成为获益的一方，而非损失的一方。

> 比如，一方说“我们想要恢复生态的平衡”，另一方说“我们也是，

但你们的行为威胁到了我们”；又或者可能是“我希望报酬更优越”，而对方说“我们不能这样做”；等等。

这样看起来，的确获益和损失同时发生着，然而事实并非如此，冲突的产生可能会让双方皆损，也可能让双方双赢。

如果前有悬崖，后有追来的抢劫的坏人，你会选择怎么做？有可能跳下悬崖，也有可能和抢匪拼死一搏。但无论选择哪一个，结果均会受到损失：摔伤或摔死，被抢或被伤，毫发无伤的可能性很小。

如果一项工程，双方合作可以提前完成，所获报酬减少1/5；单独做也可以完成，但时间上会超限并被扣钱，约为1/4。则这种情况下，双方合作是明智的解决方法，既不超限也可以得到尽可能多的报酬，是双赢。

所以，冲突究竟如何解决，是人们选择的结果，也并非绝对是一方的获益和另一方的受损。

事实上，很多冲突中真正对立的内容只是核心处的一小部分，更大的问题来自于人们对对方动机和目标的某种误解。也就是说，人们一定程度上会夸大冲突的实质，夸大了沟通中的阻碍因素，从而使冲突没有得到最好的解决。

介于此，人们非常有必要了解的是冲突的产生过程，这样可以让人们对冲突有清晰的认识，也为冲突的解决做好准备。

### 1. 萌芽阶段

当沟通双方意见出现不协调、不一致时，便出现了潜在的对立或者不统一，也就意味着冲突的萌芽。

### 2. 形成阶段

当想采取措施解决不一致时，便从认知上明确了冲突的存在，即冲突形成。此时双方都有了一定的感情投入，并体验到冲突带来的情感上的紧张、挫折及可能演变为敌对等的情绪。

### 3. 触发阶段

当双方认知到冲突的存在后，便会用竞争、协作、回避、迁就或者妥协等形式尝试解决，有了一定的行为意向。

### 4. 爆发阶段

如果双方的尝试并没有奏效，那么分歧很可能继续上升，最终导致冲突行为的发生，所带来的破坏性或大或小，但不可避免。

### 5. 消失阶段

冲突爆发之后，不可能长久地停留在此，终将以各种形式得到平息、消失。双方往往根据破坏程度的不同，而采取不同的措施，并会有相应的经验总结、预防措施的制定等，以应对或避免冲突的再次发生。

冲突这样产生着，人们很有可能在认知其存在时，做了一些夸大的反应，很自然地影响着随后各个阶段的处理。

但是，我们并不能因此便认为要绝对避免冲突的产生，因为在适当的时候激发冲突，可以避免冲突行为最终的、持续性的破坏性扩张，以促进问题的解决，达到最好的沟通效果。

这样看来，冲突亦是有效沟通的另一种形式，没有冲突的沟通有时不能确立正确沟通效果的实现或者达成，故冲突能够被正确理解和有效解决，一样可以促进良好人际沟通的发展。

**学心理，用心理**

“仁者见仁，智者见智”，若争执与此，并不会得到有效的沟通。

每一方的话都有着真理的一面，也有着不可接受的一面。在这种情况下，真理并不总会越辩越明的。

一方面争论现象有时是不可避免的，另一方面我们需要的是良性争论。

# 争论现象

## 真理不会总是越辩越明

春秋战国时期，诸子百家出现了“百家争鸣”的局面。儒家理论倡导“仁爱”，人与人之间要相互爱护、融洽相处；墨家却主张尚贤，任用官员要重视才能，并认为应打破旧的等级观念；而道家提出“天法道，道法自然”的思想，指出任何事物都有矛盾对立的两个方面，并且可以相互转化；还有法家认为历史是向前发展的，当代必然胜过古代，人们应该按照现实需要进行政治改革，不必遵循古代传统……

如此“百家争鸣”的言论，各家有各家的理，所形成的也是百家齐放、百家“争论”的结果。如果把这诸子百家当作沟通中的一方，则显现的是各方争论——冲突现象的产生。

问题是，每一方的言论均有其正确之处，我们并不能做出完全认可一方、否定另一方的决定，所以每一方的话都有着真理的一面，也有着不可接受的一面。在这种情况下，真理并不总会越辩越明的。

真理，通常被定义为与事实或实在相一致。也可以这样说，真理是在沟通中，个体所坚持认为对的、正确的那些部分。然而，沟通双方却经常会为这个“真理”的正确与否、接受与否而引发争论，彼此互不相让，甚至争得面红耳赤。

美国是世界上始终坚决支持犹太复国主义的国家。美国国会通过了一个又一个支持以色列的议案，并认为只有这样做才是正确的；这一态度引起了一些国家的附和，如英国，也引起了很多国家的反对，结果我们看到的是以色列人欺压巴勒斯坦人民的种种暴行。究竟如何做才是对以色列—巴勒斯坦问题的有效处理，由此引发的争论从来没有停止过。

美国坚信如此做是正确的，然而事实并非如此，但也并不能证明其他国家就是正确的，因此争论没有停止，“真理”也没有越辩越明。

既然如此，有人便提出，在沟通中不要有争论，这样可以吗？我国现代化建设总设计师邓小平同志如是说。

邓小平同志在南方谈话中提出了“不争论”原则。意思是说，一个人做事情时要踏踏实实、实实在在地去做；在对事情的正确与否达不到统一意见时，要暂时搁置争议，让实践来给出答案，是我们应有的一种态度，即多干，求真务实。

这是一种应对争论的解决方法。如果沟通双方出现了争论，暂时也得不出合理一致的解决方法，不如保留彼此意见，让实践来告诉最后的正确。

那么，这是否意味着沟通双方绝对不要有争论呢？答案并非如此。一方面争论现象有时是不可避免的，另一方面我们需要的是良性争论。而良性争论所涉及的关键点如下。

### 1. 先肯定对方，再说出自己的观点

对方的观点并不一定完全与己相左，所以要找出与己观点相同或相似的部分，然后再引出你异于对方的观点，这样比较容易让对方接受自己的观点。

### 2. 客观化看待对方观点

尝试站在对方的立场来看待问题，以便客观化地理解对方的观点，减少争论

发生的可能性。

### 3. 主动承认自己的过失

不管错误究竟在谁身上，只要能主动承认自己的过失，便能让对方的情绪尽快稳定下来，从而把争论化小，转入顺畅的沟通。

### 4. 不要得理不饶人

如果错误的确在对方，并不能因此而得理不饶人，应尽可能在最短的时间内将矛盾化解。

一旦沟通双方陷入了争论境地，则彼此都坚信自己的观点是“真理”，面对这种冲突，沟通双方应清楚的非常有必要的一点是：真理不会总是越辩越明的。

学心理，用心理

恐惧是人们情绪的一种，是个体企图摆脱、逃避某种情景而又无能为力的一种情绪体验。

唤起恐惧，不一定总是引发双方的冲突，有可能促进了沟通。

当头脑中的"恐惧"成了对方沟通的焦点时，伴随这种恐惧产生的是怀疑，而怀疑又会进一步引发焦虑，即不断地持续恶化。

# 恐惧定律

## 对恐惧的恐惧，会让冲突恶化

在沟通情境中，有时我们会发现，对方既不是在反对我们的观点，也不是在与我们争论或者其他，而是在躲着什么、害怕着什么。

事实上，这是一种恐惧的表现。

恐惧，在心理学角度，是人们情绪的一种，是个体企图摆脱、逃避某种情景而又无能为力的一种情绪体验。在沟通中，什么让人们恐惧，这不仅让人们自己欲言又止，也会给另一方造成麻烦，这是一种冲突。

但是，并不是所有的恐惧都会带来沟通效果上的恶化，有时对某种恐惧的唤起，能获得很好的说服效果。

心理学家班克斯和萨洛维做了一项实验，让一些没有做过乳腺X光检查的40～66岁的妇女观看一个关于乳腺X光检查的录像。这些妇女被分为两组，一组接收到的是积极信息，即录像强调的是做乳腺X光检查能帮助你及早发现疾病，尽早地挽救你的生命；另一组所接收到的是恐惧的信息，即强调的是不去做该检查会使你付出生命的代价。

结果发现，第一组被试中，只有一半的人在12个月内去做了该项检查；而第二组被试中，有2/3的人去做了该检查。

差别，显而易见。恐惧，增强了我们沟通的说服效果。但唤起恐惧，并不总是一定能达到这样的沟通效果，有时可能是沟通双方冲突的恶化。

一位男青年，20多岁，无论何时何地，一旦夜晚降临，便不敢进入卫生间，白天没有问题。他自己也承认这非常没有道理，但一到晚上，自己就是控制不住地恐惧。

因为这个原因，到了晚上，他便会经常叫醒家人，让其陪自己。刚开始，家人不怎么在意，而时间久了，任凭他喊哪个家人，家人都不想起床，有的装睡不醒，有的便抱怨、大声地吼他。然而，这样让他更加恐惧，甚至比以前更严重。家人们无可奈何，却怎么也受不了了，于是把他请进了心理咨询师那里……

罗斯福说："我们唯一应当恐惧的就是恐惧本身。"恐惧，让这位男青年受到了家人的厌烦，而这反而使得男青年更加恐惧——对恐惧的升级，促使冲突进一步恶化。

心理学家发现，当头脑中的"恐惧"成了对方沟通的焦点时，伴随这种恐惧产生的是怀疑，而怀疑又会进一步引发焦虑，即这是一个不断地持续恶化。

在一条既宽又广的路上，一个新手在学开车，前方30米处的路边有一个柱子。这个柱子很远，而且在路边上，一般不会撞着，但这个新手看了一眼又一眼，担心并叮嘱着自己："千万不要撞上。"

带着这种担心他启动了汽车，然而结果，正像每个人所预料的那样，还是撞上了，即使好几个人在后面喊着也没用。

事实上，撞上柱子的可能性非常小，但由于担心、害怕，让可能性变成了必然。因为人们把自己的这个"担心"变成了自己注意的焦点，从而掩蔽了原本应有的注意力。

心理学家注意到，当面对这样的冲突时，若能让恐惧心理和一个令人愉快的行为相联系，通常不会引发行为的改变，即沟通可以顺畅地持续进行下去。比如，人们虽然对艾滋病恐惧，但并不会因此减少性行为，因此利用这一恐惧，向人们提供防护性措施建议，如保持固定的性伴侣或使用安全套等，无疑消除了冲突，促进了关系的协调发展。

所以，有时人们对某一沟通话题的恐惧，可能会促使沟通效果的实现，但也可能会加深恐惧，这时消除冲突，方能持续随后的沟通。

**学心理，用心理**

让对方产生了此时沟通话题以外的联想，并且也将此感觉转到了你的身上，便是一种移情现象。

当对方把我们自己当成了无关的“它”时，所感受到的是生气、无可奈何及白费口舌的那种感觉。

# 移情原理

## 我与你、与它的关系？

在电影《异度空间》中，张国荣扮演的是一个心理医生，和他建立咨询治疗关系的是一个同事转介来的精神病个案，名字叫做阿昕。在治疗过程中，心理医生和阿昕渐渐产生了爱慕之心。尽管在电影末尾，心理医生圆满地让患者恢复了健康，但心理医生自己却付出了巨大的代价……

造成电影中悲惨后果的原因，正是心理学中的移情现象。移情，是心理咨询中的术语，意思是说，来访者（患者）对咨询师产生了工作关系以外的个人情感。而在正常的沟通活动中，沟通双方也会受到移情的影响。

也许你会经常有这样的感觉：当你向对方交谈时，对方会要求你像什么一样来做，比如让你吃完东西再说话而不是有满嘴东西就说话，因为他说自己的父亲就是这样；又或者是你的说话方式、表情、穿着等让对方想起了记忆中的某个人，和这个人怎么怎么像。类似这样的交谈——让对方产生了此时沟通话题以外的联想，并且也将此感觉转到了你的身上，便是一种移情现象。重要的是，此时沟通双方的状态是：我与它的关系。

“我与它”，关键在于这个“它”，而非专指人的他 / 她，或者可以说沟通的另一方把对方当成了“第三者”，将对方看作了自己某种需要或感觉的客体，而不是一个真实的、正在与你沟通的人。这种关系非常微妙，有时对方并不一定会意识到，但却能造成沟通的冲突。

1822 年 8 月，在巴黎的巴尔提摩剧场正在上演的是世界名剧《奥赛罗》。当时有一个士兵在门口站岗，当他看见舞台上奥赛罗出于误会而正在掐死美丽善良的苔丝德蒙娜时，他大声吼道："从来没有看到过一个该死的黑人竟当着我们的面杀害一个白种女人！"说完便开枪打伤了该饰演者的手臂。观众们惊呼声顿起，这时他才意识到自己犯了错。

这个士兵在欣赏话剧时受到了移情的影响，此时话剧和他之间的沟通，变成了他和自己的观念（对黑人和白人的态度）的关系，或者可以说，他当时把自己的想象与现实相混淆，引起了冲突，最终造成了惨状。

我们不难想象，当对方把我们自己当成了无关的"它"时，所感受到的是生气、无可奈何及白费口舌的那种感觉。但我们并不想让对方陷在这种移情的影响之中，因此为了得到良好的沟通效果，沟通双方应有的状态是："我与你"的关系。

"我与你"的关系，即将对方看作独立、完整的主体，对对方的观点和行为等表示尊重，并不会因为对方的观点与己不同而心存落差，这样能引导沟通向健康、积极的方向发展。

A 认识 B 的时候，B 刚刚失恋，仍然处于痛苦之中。而从认识 B 开始，A 便萌发了对 B 的情意，但 A 也明白：如果此时向其表白，对方很可能不会接受；即使接受也可能会在相处的过程中经常受到其前男友的影响，甚至可能会把自己当成他的替代者。

于是，A 选择了和 B 做普通朋友。随后，A 对 B 有关心、有帮助，也正如 A 所预料的，B 经常不自觉地把 A 当成了前男友。A 对此并没有表现出自己的生气，而是一笑而过。

这样的状况持续了半年，之后 B 渐渐走出了之前的那段关系，因为她不再经常提起前男友，而是变成了 A 经常如何如何。感知于此的 A 知道时机成熟了，于是表明了心意，也很顺利地赢得了 B 的同意。

A 从一开始便预料到了 B 的移情（他并不知这一概念），并陪着对方度过了这一段时间，因此不得不说 A 正确处理了来自 B 的潜在的移情。

所以，如果我们能正确处理移情现象，则最起码可以减少沟通中的一种潜在的冲突。下面的内容正如此。

**（1）保持一定的心理距离**

如果沟通双方非常熟悉，则人们易受其言行上的影响而把其和某个人、物联系在一起，这样移情便出现。因此，保持一定的心理距离，在心理空间上和对方保持独立，让对方能感受到差别，则能减小移情产生的概率。

**（2）一旦出现，及时提醒**

移情现象的出现，是人们潜意识的结果，对方自己可能并未意识到。因此，作为沟通的另一方，应及早地、有策略地提醒对方，让对方有所清醒，然后再继续沟通。

**（3）不能停止，则暂时结束**

如果提醒，并不能让对方从移情中走出来，则可以暂时结束沟通，或让他人代替自己来沟通。

此外一般情况下，人们不会毫无缘由地发生移情，所以可以鼓励对方宣泄自己的这一情绪，这样可以让对方感到放松，也为继续沟通提供了可能。

# 宽容现象

## 开启沟通的一路绿灯

**学心理，用心理**

宽容是沟通中化解冲突所应有的一种心理品质，并且是沟通时一个人主动拥有的品质。

不会宽容的人，常常会处于一种紧张的心理状态中，并且难以解脱内心的矛盾和冲突。

法国作家雨果说：“世界上最宽阔的是海洋，比海洋更宽阔的是天空，而比天空更宽阔的是人的胸怀。”

真正的宽容，应是心理意义上的完全宽容。

美国幽默大师马克·吐温在35岁时，爱上了年轻漂亮的奥利维亚·L.兰登小姐，并且也赢得了对方的芳心，但她有一个结婚条件，即必须赢得父母的同意。

而老兰登先生是一个非常有社会地位的人，对这个遥远西部的小作家的人品并不熟悉，因此他不答应，除非马克·吐温能够提供几份由西部知名人士所写的证明其品行端正的材料。

马克·吐温照做了，但结果是，他所请求的六位知名人士无一例外地寄来了极为不利的材料，如其中一位写道：“我确定，这个年轻人不久就会烂醉而死，进入醉鬼之坟。”不得已，马克·吐温只能把这样的材料交给了老兰登先生。

看后老兰登先生说道：“看来，你连一个朋友也没有哦。”“显然如此。”马克·吐温答道。但之后老兰登先生却语气温和地说道：“不过，假如换个角度来看，我看到了你的诚实，因为你能把这样的材料送给我。同时你也是一个勇敢的人，竟敢在求婚上拿出对自己不利的资料。所以，我比他们更了解你，我才是你的朋友，你可以和我的女儿结婚了。”

老兰登先生为什么会答应马克·吐温对女儿的求婚？除了他看到的马克·吐温的两大优点，更重要的是他的宽容之心——纵然知名人士的证明偏向一边，但不可否认却显现了马克·吐温处事上的缺点。因此，宽容是沟通中化解冲突所应有的一种心理品质，并且应是一个人主动拥有的品质。

宽容，即对自己或他人在生活、工作和学习等中的过失、错误采取的一种适当的“减压政策”，以免事态的夸大、恶化和造成严重后果。

心理学家指出，不会宽容的人，常常会处于一种紧张的心理状态中，并且难以解脱内心矛盾和冲突。因此，学会适度的宽容，对人际沟通来说是有益而无害的。

> 华为总裁任正非在寄语2010时向下属提到：宽容，是领导者的成功之道。他说，任何工作无非涉及两个方面：一是同物打交道，二是同人打交道。不宽容，不会影响同物打交道；比如一个科学家，性格怪癖，但它的工作只是一个人在实验室同仪器打交道，那么不宽容无伤大雅；车间里的工人，他所打交道的是各种机器操作，这也不需要宽容。
>
> 但是，一旦涉及与人打交道，任何管理者，都必须同人打交道，宽容的重要性立即就会显示出来。人与人本身便有着各种差异，而不同性格、特长、偏好的人能否凝聚在组织目标和愿景的旗帜下，靠的就是管理者的宽容……

至此，我们看到宽容，为彼此的沟通开启了一道永久的绿灯。在沟通表现宽容，如果你是对的，那么就试着有技巧地、态度温和地让对方同意你；相反，若你是错的，则尽可能地迅速而真诚地承认，这能唤起对方的宽容之心，赢得沟通的顺畅。

另外，沟通还应注意的是：要区分心理意义上的宽容和行为表面上的宽容，并且应向心理意义上的宽容发展。

所谓行为表面上的宽容，是说在行为上接受了对方的错误，但并没有真正在心理上去分析、去接受对方的错误，很可能会以一种高人一等的心态与对方沟通。这样的宽容，带给对方的是压力，并不是真正的释然。心理意义上的宽容，则相反，是从内心上的一种真正接受，就像事情没有发生过一样，甚至还会促进彼此的关系。

比如，有个音乐专业毕业的学生，曾经和音乐家李斯特有过一面之缘，因此她便在自己将要开音乐会的海报上打出了“自己是李斯特的学生”的宣传语，她想李斯特先生应该不可能知道。

然而，在演出的前一天，李斯特先生出现在了她的面前，她惊恐万分，控制不住地抽泣着说，盗师之名是出于生计，并请求宽恕自己。李斯特对此没有发表意见，而是让她把所要演奏的曲子弹给他听，并给予了指点，然后说道：“大胆地上台演奏吧，现在你已经是我的学生了，并且你可以附加一个项目，由老师来向学生演奏。”这个学生听后备受感动，并深深表示了自己的感激。

盗师之名是一种错误，而这种错误在李斯特先生眼里是那么的简单，相反还指导了对方。这样的宽容，正是真正的宽容，所开启的是沟通的一路绿灯。

法国作家雨果说：“世界上最宽阔的是海洋，比海洋更宽阔的是天空，而比天空更宽阔的是人的胸怀。”所以，宽容是我们胸怀宽广，并赢得沟通的一种象征。

**学心理，用心理**

深陷于不可挽回的“投入”——沉没成本之中，只会让人们更加痛苦。

对沉没成本，人们更多的是对“捞回”的期望，这让人们冲突，而不知道如何做。

当沉没成本发生时，最明智的选择应该是即使不可改变，则不再纠缠于此。

# 沉没成本

## 不要在改变不了的地方纠缠

A花300元钱（1个月）办了一项健身卡，可以参加健身馆的各项活动，如跳舞、打球、游泳等。两个星期下来，A自感不错，然而不幸的是A多年的关节风湿复发了。这样让他陷入了自责的境地：怎么偏偏这时候犯了呢，如果没有这健身卡也就罢了，但是现在这病也犯了，这卡也去不了了，怎么都是损失啊。

就这样，A一方面抱怨着自己的病，一方面对健身卡感到惋惜。

事实上，A陷入了两难境地——怎么选择，也不可能两方面都顾全。而且此时的健身卡已经变成了经济学中所称的“沉没成本”。

在经济学中，所谓沉没成本指的是由于过去的决策已经发生了的，而不能由现在或将来的任何决策改变的成本。这一概念，受到越来越多的社会心理学家的重视，并指出：深陷于这种不可挽回的“投入”之中，只会让人们更加痛苦。

但人们又不可避免地会遭遇到这种“沉没成本”，可能是个人的选择——投入结果，也可能是和他人共同选择的结果。无论是哪种，在心理上人们必然会经历一番冲突，从而影响着沟通的效果。

当对一段感情真心付出、苦心经营之后仍面临着分离、无法挽救时，人们会挣扎于其中，不知如何选择……

当从品牌折扣店买了一件喜欢的外套，而回家后发现上面的做工并不好，如一条缝合线是歪的，你会怎么办？拿回去退掉却想起店家说概不退换，留下来却又显得不好看。

当去外地出差，为家人挑选的礼物却在回来的路上想起落在宾馆了，此时已离开当地两小时，你会下车回去取吗？会不会心想也许回去宾馆也已经清理屋子了。

类似这样的“沉没成本”——感情的破裂、外套上的瑕疵、礼物的遗忘——在生活中有着各种各样的版本，而冲突却是一致的：人们不知道如何选择。

在商界，摩托罗拉公司的铱星计划便是一次“沉没成本”式的投资。这一项目在1991年正式启动，投资4亿美元开始建立了铱星公司，最终建成时为50多亿美元。

1998年11月1日，在进行了耗资1.8亿美元的广告宣传之后，铱星公司展开了它的通信卫星电话服务。电话机的价格是每部3000美元，话费为每分钟3～8美元。

到1999年4月，公司只拥有1万名用户，此时公司所投入的成本远远大于收益，但公司决策者认为既然已经投入那么多，就不能半途而废，所以仍然继续支撑着。到了6月，铱星解雇了15%的员工，其中包括几位参与了公司营销和战略策划的经理。8月，铱星的用户上升到2万名，但离贷款合同要求的5.2万名的用户数量相差甚远。

1999年8月13日，铱星因无力偿还巨额的贷款而提出了破产保护的申请，宣告“计划”正式结束。

摩托罗拉公司的决策者已经意识到了该计划失败的不可逆转性，但并没有因此而停止“成本投入”，而是选择了继续，悲惨的结局最终不可避免。

事实上，当类似的事情发生时，最明智的选择应该是：即使不可改变，则不再纠缠于此。

试想一下，如果你选择继续追加对这种“沉没成本”的投资，如仍设法维持这段感情、找店家更换或补偿衣服的瑕疵和回去拿回落下的礼物，这部分新增加的投资占多少。一般来说，这种成本远远超过了损失，因此，对于不可挽回的损失，并不值得我们再追加成本。

在电脑还是奔腾系统时，电脑销售商们所购进的电脑单价平均为8000元/台，但电脑系统的更新换代时间特别短，不久这一系统便被市场淘汰了，有个学校为了教授学生电脑基础知识，便提出以3000元/台的价格买下。一位销售商表现出了难以割让的痛苦，但思前虑后，销售商决定“忍痛割爱”，因为他意识到照现在的速度，不卖会更加贬值，这根本不划算。

如果该销售商选择了不卖，则相当于继续投资于此——贬值部分即投资成本，显然在电脑市场的快速更新换代中，这非常不值得。

如果在沟通中，你正在为某一问题冲突着，并且已经是不可挽回了，那么不要再顾虑之前的投入，也不要幻想将来还有可能收回，因为这已经是“沉没成本”，既和以前没有了关系，也不可能和将来有所联系，应做的只能是放弃——不在这一改变不了的地方纠缠了。

# 囚徒困境

## 增加信息的透明度

**学心理，用心理**

信息的不透明、不畅通，是囚徒困境的一大原因。

囚徒困境，所反映的也是人们彼此之间的不信任。

站在有效沟通的立场上，让信息透明化、共享化，无疑能减少或消除冲突。

所谓囚徒困境，源于一个故事，故事的核心内容是这样的。

有两个犯罪嫌疑人被警方当场抓获，但警方并没有充足的证据，只能判他们很轻的罪。因此，为了让嫌疑犯承认自己的罪行，警方开始单独审问他们，并给出了下面的坦白选择。

首先是如果一方认罪而另一方没有，则认罪的一方将获得豁免，同时另一方获得最严厉的判决；其次是，如果双方均认罪，则双方均得到中等程度的惩罚；再就是，如果两个人都不认罪，则都会得到较轻的惩罚。

所以，两个人陷入了一种困境中：若都不认罪，则惩罚最轻，但是对方值得自己这样信任吗？两个人对对方均没有十足的把握，更何况，如果自己不承认而对方承认了，自己会得到最严厉的判决。因此，在这种沟通不畅通的情况下，两个嫌疑犯选择了认罪，并认为这是折中的唯一方法。

这便是囚徒困境，是信息不畅通之下的一种沟通，并充满了种种冲突式的选择，更重要的是，双方不合作（选择背叛另一方）所得到的结果总是比在相互信任基础上合作的情况下要坏得多。

在所有的沟通生活中，人们经常会遇到类似的囚徒困境，而往往涉及的也是两个或更多个的利益集团的冲突选择。

> 100个牧民发现了一块牧草旺盛的草地，足够100头牛食用，恰巧这100为牧民各自养了一头牛，于是他们每天快乐地带着牛来这里吃草。不久之后，一个牧民心想：如果我再多养一头牛，就可以翻倍赚钱了，对这块草地并不会有太大的影响，更何况草地在不断地生长；于是他添了第二头牛。
>
> 然而，有这样想法的人并不只这一个牧民，于是越来越多的牲畜出现在这片草地上，最终草地变成了光秃秃的荒地。

这是人们并不明确资源有限基础上的一种选择，也就是生态学家加勒特·哈丁所称的“公共品的悲剧”。人们为了自己的利益而不惜损失大家的利益，最终所导致的是所有人的“败”而非双赢。

> 和人们息息相关的另一个囚徒困境是房价的变化。现在，所有关注房子的人都在“买”与“不买”之间进行着艰难地抉择：不买，房子继续涨价怎么办？买，房子降价了怎么办？这是买房者的冲突。
>
> 另外，房地产开发商也在冲突着：继续开发吗？但是如果国家的相关调控政策加以限制怎么办？若不开发，国家也没有调控，别人开发了，自己岂不是没好处捞了。
>
> 于是，在一番冲突之后，更多的人选择了买房，即使房价暴涨也在所不惜；开发商们也甘愿冒风险，继续开发，继续抬价。

所有这些困境下的选择，均是在信息不明确、不对称的情况下做出的，也就是说，冲突得以出现，是因为双方沟通时并没有充分共享所有的信息。

所以，站在沟通信息的立场上，沟通双方需要增加信息的透明度，以减少和消除冲突。

**（1）共享真实信息**

沟通中所传达和接受的信息应该是全面的信息。这里所说的全面，既指的是相关的信息，也包括真实的信息，并且应该是彼此均共享的，而不能仅指其一。

**（2）及时提供信息**

一般信息都会有一定的时效性，这便要求沟通者应在具体的时限内告知对方，让对方做出相对有利的选择。

**（3）获得与理解兼顾**

让沟通的另一方获得了信息只是其一，更为重要的是对方所理解的信息是多少。如果对方所理解的信息和你所传达的信息一致，这样的信息才是高质量、可靠的信息，因为保证了信息的完整性，也促进双方的信任度的实现。

**（4）突出重点信息**

沟通中所传递的信息很少是单一的，一般是一系列信息的汇总，这便需要我们突出重点，以让对方把握重要点所在。

一次透明信息的传递，应该包括以上所述内容，这样的沟通，便有可能不用再担心因信息不对称、不透明而带来冲突了。

**学心理，用心理**

竞争，让双方会知觉到某种差异性，并表现出不同的态度，也更容易引发敌对性冲突。

如果在竞争的状态下进行沟通，最有可能的结果是让对方表现出更多的竞争性行为。

讨论—相互合作—开放、明确而坦诚的交流，能消除彼此之间的不信任，也能让竞争—冲突模式转为沟通—合作下的双赢。

# 竞争现象

## 唯有合作才能沟通和双赢

我们所处的时代，是一个资源有限的时代，这不可避免地会引发各种竞争——为了某个职位而竞争，为了买到某件限量版的物品而竞争，为了获得地理位置优越的房子而竞争。所有这些竞争现象，是在沟通情境范围内发生的，也是最有可能发生冲突的一种沟通。

这背后的原因是，当一个人处于和他人竞争的沟通情境中时，双方会知觉到某种差异性，并表现出不同的态度，也更容易引发敌对性冲突。心理学家克雷格·安德森和梅丽莎·莫罗的实验证明了这一点。

实验中，被试们两两配对为一组一起玩任天堂的超级玛丽兄弟游戏。其间的不同是：一半被试玩的是竞赛模式（比较两人的得分），另一半玩的是合作模式（最后将两人分数相加的总分）。

实验结果显示，竞争模式下，被试会更加经常而不必要地杀死一些游戏中的动物（比如脚踩或发射火球），比合作模式下出现这样行为的总数要多 61%，即竞争引发了较多的攻击行为。

竞争，让人们表现出更多的攻击行为——敌对性冲突。为了自己的利益，人们会选择竞争，尽最大可能地获得自己的利益，这是人们的一种本性。那么，在现实情境而非网络游戏中，竞争是否同样会诱发破坏性的冲突行为呢？

1961年，心理学家谢里夫做了一项现场实验。在实验中，谢里夫将来自俄克拉荷马（美国城市）各地的22名11～12岁的男孩集中到一个州立公园参加为期三周的夏令营活动，然后随机将他们分成两组，并分别住进了两个相距半英里的“童子军营地”。

第一周，两组男孩们并不知道还有另外一组人的存在。每组的成员们通过准备食物、扎营、游泳和建立绳桥等活动相互认识、相互熟悉，并形成了比较亲密的关系，也均为自己组起了名字：响尾蛇组和老鹰组。

第二周，当两个组的团体认同感建立起来后，谢里夫让两组成员“巧妙地”发现了对方，比如对方出现在了“自己”的球场上。之后，谢里夫在两组成员间组织了一系列的竞争性活动，包括拔河、寻宝和球类比赛等，彼此显示出了很高的热情，但输赢的结果让彼此进入了公开的竞争状态——从对骂开始，然后是餐厅内的大战等。

第三周，谢里夫让两个组形容、评价对方。男孩们所用的词有卑鄙、自作聪明和臭鬼等；而在形容自己组时是友好、坚强和勇敢等。

竞争性的活动，带来了激烈的冲突。这让我们认识到的是，如果在竞争的环境状态下进行沟通，最有可能的结果是让对方表现出更多的竞争性行为。

然而，我们和对方沟通，自然想要达到的是协调、顺畅和双赢的结果。如何实现，并减少竞争状态？罗宾·道斯的实验，也许可以为我们所借鉴。

设想你是该实验中的一员，你将和其他6个陌生人组成一组，你们每人会得到6美元。然后你们要做一个选择：可以选择保留这6美元，也可以选择将它捐献出去。你会怎么选？

如果你选择捐献，则实验者会将它翻倍并使其他6个人各得到2美元，并且他人均不知彼此的选择。所以，如果包括你在内的7个人均选择捐献，则每个人可以得到12美元。

但是，如果只有你选择保留而其他人都选择捐献，则你可以得到18美元；如果只有你选择捐献而其他人选择保留，则你将什么也没有了。

这是各种选择中最好和最坏的分析。显然，对于所有人来说，合作（均捐献）是最有利的选择。

实验结果显示：如果被试没有进行过讨论，大概仅有30%的人会选择捐献，而讨论之后，比例变成了80%。

在这个实验中，被试面临着“捐”与“保留”的冲突选择，同时还会有的冲突是：“如果我捐了，其他人没捐怎么办？”——人们表现出了不信任，独自权衡之下，人们为了避免“什么也得不到”，最终大多数人选择了“保留”——最稳妥也是最少的“获得”。

因此，讨论—相互合作—开放、明确而坦诚地交流，能消除彼此之间的不信任，也能让竞争—冲突模式转为沟通—合作下的双赢。

学心理，用心理

“不公平！”“太不公平了！”这所代表的是人们由于心中觉察到了某种不公平而产生的冲突。

一个人不仅关心自己的所得所失，而且还会关心自己与别人所得所失的关系，这种相对比较而衡量出的得与失，自然有了公平与否的感觉。

人们感觉到不公平之后采取的一种回应方式是寻求补偿，即为难、骚扰或欺骗那些“伤害了”自己的人。

感觉到不公平，人们也可能采取极端的方式——报复来获得心理上的平衡。

当双方的付出与获得之间的比例均衡时，人们会比较容易感觉到公平。

# 公平意识

## 感觉上的公平比什么都重要

两个顾客同时在购买糖块，销售员在称第一个顾客的糖块时，一边喊着“15 块钱”，一边随手抓了两块糖添了进去；轮到第二位顾客了，销售员再次喊出 15 块钱，但同时拿出了多出的两块糖。然而，第二位顾客却嚷道：“怎么人家的你就给添几块，我的你就给去掉了啊，我的明显和他的差不多嘛。”

事实上，销售员在称重上是没有问题的，但其动作——“一添一拿”——却让顾客在心理上明显感到了差别。这便是感觉到的一种不公平现象。

和这位顾客一样，很多时候人们会大喊道：“不公平！”“太不公平了，怎么可以这样做事呢！”“我应该得到更多的，这样太卑劣了。”这些所代表的均是人们由于心中觉察到了某种不公平而产生的冲突。

从客观上来说，不同的事物有不同的价值，而价值又是通过一定的衡量标准而确定的，比如尺度、长度、工资标准及各种收费依据等，相对来说是客观、公平的。但是，无论多么的客观，人们依然会感受到某种不公平的存在，原因在于一个人不仅关心自己的所得所失，而且还会关心自己与别人所得所失的关系，即会与他人进行比较，这种相对比较而衡量出的得与失，自然挂上了主观感觉的符号。

妻子正准备上班，丈夫突然说道：“很抱歉，亲爱的，我临时有事，下午不能接孩子放学了，必须由你去接了。”妻子顿时被惹恼了，冲着丈夫吼道：“你怎么老有事，为什么不早告诉我，为什么这个家所有的事情都要我做，不仅要洗衣、做饭、整理家务，你连接个孩子都不可以吗？”

丈夫被妻子突如其来的怒吼吓着了，不知为什么也回敬道：“你干吗气成这样，这又不是我能预料的，是上司刚刚通知我的，我又怎么能提前告诉你啊。”

妻子顿时无语，但她仍然控制不住自己的愤怒，于是没有回应丈夫，拎着包开门走了。

事实上，妻子知道丈夫并不是有意的，但她感觉到了一种不公平，这种感觉让她愤怒，让她向丈夫怒吼。这是人们感觉到不公平之后采取的一种回应方式：寻求补偿，即为难、骚扰或欺骗那些“伤害了”自己的人。

其次的一种回应方式是接受并认同这种“不公平”，比如有些人很贫穷，和那些富有的人——住着别墅，吃着丰富的食物等——相比，他们没有任何能比的，也就可能感受到非常大的不公平，但他们认为“自己虽然穷，但是自己很快乐”，因此“不公平”自然犹如不存在了。

如果这两种均不是对不公平的回应方式，则人们很有可能会尝试用报复来获得心理上的平衡。

一位大学生感觉受到了宿舍同学的歧视——对方让其为自己洗衣服，并给他两块钱。这让他感受到莫大的不公平，为什么同样是来自贫困家庭，对方却要这样侮辱自己。于是他选择了报复对方：把对方的衣服烧掉了，而且还把对方的床铺洒满了水。随后两个人的冲突升级恶化，直到辅导员出面干涉、调宿舍才终止。

我们可以看到，冲突得以产生的核心是一个人感觉到了不公平的存在，那么为了得到协调、顺畅的沟通，让对方感觉到公平便显得比什么都重要了。

根据行为社会学家斯塔西·亚当斯的理论，如果你和我是沟通的双方，存在着某种关系，则当我们的付出和所得满足下面的关系等式时，我们会感觉到公平：

$$\frac{我的所得}{我的付出}=\frac{你的所得}{你的付出}$$

即当双方的付出与获得之间的比例均衡时，人们会比较容易感觉到公平。但是，人们并不会主动要求对自己给予公平的“待遇”，故另一方——你需要有意识地主动来衡量这一等式，并适时满足对方。

另外，让人们感受到公平还需要对方的“认同感”，即只有对方最终对自己的得与失认同了，双方才有可能在没有冲突的前提下顺畅沟通。

学心理，用心理

对于人们根深蒂固的一种观念，你的尝试——改变对方这一观点——会非常难以实现，冲突便产生。

信念固着，让人们即使在相反的、正确的证据与信息出现时，他们也往往视而不见。

心理学研究发现，人们会自动对挑战自己信念的信息持封闭态度。

解决信念固着所带来的冲突的办法是，让对方主动对你所提的、相反的、不一致的观点做出解释。

# 信念固着

## 没有妥协，也就没有合作

谈起电视剧《红楼梦》，现在人们提得多的是新旧两版的对比，并且人们对新版《红楼梦》批评声不断。比如，网上有人说道：1987 版的《红楼梦》很经典，非常深入人心，造型也和书里的描述相吻合等；而新版不仅极度奢华，而且人物造型上出现了很大的变化等。

再比如新旧《三国演义》、《西游记》、不同版本的《倚天屠龙记》、《射雕英雄传》等。类似的翻拍成了电视剧、电影界的一种"香饽饽"，而观众们对此的评论——起码在刚开始时——是贬多于褒的，人们对旧版本、最初看的第一版本的印象占据了重要位置，甚至达到了不可改变的地步——认为经典才是最好的。

这是人们对各种版本的电视剧、电影翻拍后的一种评论，人们对之前所看过的版本有着很深的印象，并倾向于认为之前的更好。如果就这一话题而展开沟通，则你的尝试——改变对方原有的观点——会非常难以实现，冲突便产生。

这便是人们的一种先入为主的心理：信念固着，即人们一旦对某项事物建立了某种信念，尤其是为它建立了一个理论支持体系后，就很难被打破、推翻、否定，即使是相反的证据与信息出现时他们也往往视而不见。

心理学家洛德以一些大学生为被试证明了这一心理。这些大学生中，一半支持死刑，一半反对死刑，调查的是他们对两种假想的关于死刑是否合理的研究结果的评价。

结果发现，无论持支持还是反对的观点，学生们都比较容易接受与他们观点相同的证据，而会极力批评和反对与己观点相悖的证据。比如，支持死刑的学生较容易接受那些认为死刑合理的研究而反对那些认为死刑不合理的研究，而反对死刑的学生则相反。

在随后的研究中，研究者向被试提供了一些由争论性的论据所组成的混合信息，意在引发被试对信息的更仔细的思考，然后促使其猛烈地批驳相反的观点；结果双方都将论据知觉为支持自己的信念，并更加坚持自己的原有观点。

一旦一个人确信一件事或一个观点，便会坚持认为其是正确的；而他人若越是想证明其信念的错误性时，人们反而会更加坚信自己正确，因为心理学研究发现，人们会自动对挑战自己信念的信息持封闭态度。

在古希腊时期，人们普遍认为地球是宇宙的核心，并不允许任何力量的反对、否定，基于此，一些科学家受到了以教会为首的人们的迫害，比如布鲁诺被活活烧死、伽利略被监禁等。

再如平凡的日常生活中，一位母亲看到自己的儿子在和那个人人躲避的邻居的孩子玩，出于对对方印象不好的原因，母亲大声喊道："儿子，到这里来，不要玩了。"等儿子回来之后，她继续说道："不要和那样的人玩，不是告诉过你了嘛。"

一种先入为主的印象观念，在我们的周围时刻存在着，无论是科学界还是平凡生活中，并且很大程度上让人们偏向了歪曲的、错误的沟通方向。

由此我们看到了人们信念固着的一面，并且这显然会对沟通带来一定的障碍。如何不受信念固着的干扰，实现合作便成了沟通的关键。

人们是不会轻易妥协的，这也使得让对方放弃自己所坚信的观念的想法变得不可能。因此，解决这一心理所带来的冲突的办法就是：让对方主动对你所提的、相反的、不一致的观点作出解释。

心理学家洛德后来重复了对死刑的研究，与之前不同的是，增加了一个实验条件——要求被试从相反的角度来考虑一下问题，问自己："假设我是一个持相反观点的人，我是否会在这个研究中同那些持相反观点的人得出一样的结论呢？"

结果发现，当从相反的角度考虑这些问题后，被试不再像以前那样不客观地固执己见了。

当沟通双方意见不一致时，双方很大程度上并不想改变自己的观点，因为这意味着接受对方的观点。这时，若引导对方主动从相反的角度来判断一下，也许目的便达到了。

所以，妥协，并非让对方被动地、强迫地妥协，而是让对方主动妥协来合作。

学心理，用心理

一旦感性胜过理性，人们会变得不冷静，而如果其中至少一方能够保持冷静，或许一场冲突便不会存在。

“冷”要有度，不能“冷”得太久，以致“冷寒了心”，因为“冷”是一种策略，而不是对事情或对对方的态度。

# 淬火效应

## 冷一时，换来长久风平浪静

当沟通中的冲突不断升级、恶化甚至达到无法处理时，你是否尝试过“冷处理”？

冷处理，原本指的是金属工件加热到一定温度后，将其浸入冷却剂中进行冷却降温，从而使工件性能更好、更稳定的过程。

这种“冷处理”即是心理学上的“淬火效应”，我们可以这样理解，这是当沟通双方发生矛盾后，不要急于马上处理，相反可以适当留点时间暂时降降温，然后再行处理的一种方法。

当理性引导着沟通双方时，沟通可能会处于比较顺畅的状态下；然而，一旦感性胜过理性，一场冲突很可能不可避免，这时人们变得不冷静，而如果其中至少一方能够保持冷静，或许一场冲突便不会存在。

一张宿舍管理评价表放到了初一三班班主任陈亮的桌上，毫无例外许柯的顽皮行径，再次让班级扣分，流动红旗也再次擦肩而过。

许柯本性并不坏，爱看书、爱画画、思维活跃、头脑聪颖，但就是习惯差，在宿舍经常搅得大家不得安宁，比如乱动别人东西、午休不睡在床上却翻跟头、扯别人被子、藏别人拖鞋等。这些都让陈亮“恨之入骨”，纵然用尽各种方法，也毫无改善，经常是生活老师来告状，宿舍同学也不愿意和他玩。

这一次依然如此，陈亮很生气，但也意识到常规的方法已不起作用。于是他若无其事地来到了教室，没有看许柯，而是走到公示栏把所有他的“业绩”扯了下来，然后开班会，整个会议都没有提这事，放学后，许柯也照常走了。

这样的状态持续了一周，许柯忍受不了“被忽略”了，他主动找到陈亮，向陈亮献上了一幅画，说是送给他的，但陈亮也未显喜欢地说道：“放这儿吧。”但是许柯并没有走，说：“老师，这两天同学们都不理我，连向同桌借橡皮，也不愿给我。老师，我今天中午把同学们的拖鞋都摆放整齐了，生活老师奖励了我一根棒棒糖。老师，我知道错了。”陈亮看时机已成熟，便真诚地表扬了他，并借此把他前后的表现分析了一遍，鼓励他培养好习惯，改掉坏习惯。许柯听得很认真，并答应陈亮会认真学习。

这是冷处理原则在学生管理中的应用。面对学生的种种顽劣行为，没有一个老师不生气的，有时更是越管理越糟糕——学生会做出更多地扰乱行为，因此冷处理——让老师冷静下来，欲擒故纵，最终获得自己与学生的双赢。

另外，冷处理还可以应用到商业的谈判中，比如下面的案例。

××企业总经理在和对方洽谈一项业务。就要成功时，对方却提出了一个苛刻的要求，这让他倍感挣扎：接受，有点超出预算；放弃，有点不舍。

于是，他召集部下资深干将，加班加点讨论应对方案，等到拿出“完美”应对方案时，对方又变更了条件，这让他和部下一时倍受打击。面对这样的变化，总经理宣布让大家休假，不再加班加点了。他想让问题先晾起来，过段时间再重新审核其价值，然后再做决定。

而这段时间，客户却没了原来的士气，主动提出了让步，这让××公司非常欣喜，自然随即签订了协议。××公司总经理总结道："有时，趁热打铁的方法并不一定合适，把矛盾冲突放一放，冷静观察和思考之后，或许能自动化解。"

有时越想得到的，反而可能得不到，这时倒不如把其"放一放"、"冷一下"，反而会得到预期的效果。面对一触即发的冲突，一个高效的沟通者一定懂得"冷"一下来换取沟通的长久顺畅。

不过，我们需要注意的是，"冷"要有度，不能"冷"得太久，以致"冷寒了心"，因为"冷"是一种策略，而不是对事情或对对方的态度。

像俗语所总结的："钓鱼不在急水滩"。沟通也一样，选择风平浪静的时候才会有收获，否则不但解决不了问题，还可能让自己在旋涡中不得自拔。